歴史文化ライブラリー

78

エトロフ島

つくられた国境

菊池勇夫

吉川弘文館

目次

エトロフ島へのまなざし―プロローグ……1

アイヌの島

クルミセとラッコ島……8
道東・千島列島の交易……21
漂流民の見たエトロフ島……34

境界の島

幕府の千島認識……48
クナシリ・メナシ騒動……66
大日本恵登呂府……81

エトロフ開島

エトロフ島の開発……92
漁場経営と勤番……107
アイヌの風俗改め……122

エトロフ島襲撃事件
ロシアのシャナ攻撃……140
防備隊の派遣と奥羽大名……153
事件の波紋……163
変容するエトロフ島
商人の漁業経営……174
苦難のアイヌ社会……186
エトロフ島に渡った人々……197
つくられた国境―エピローグ……207
参考文献
あとがき

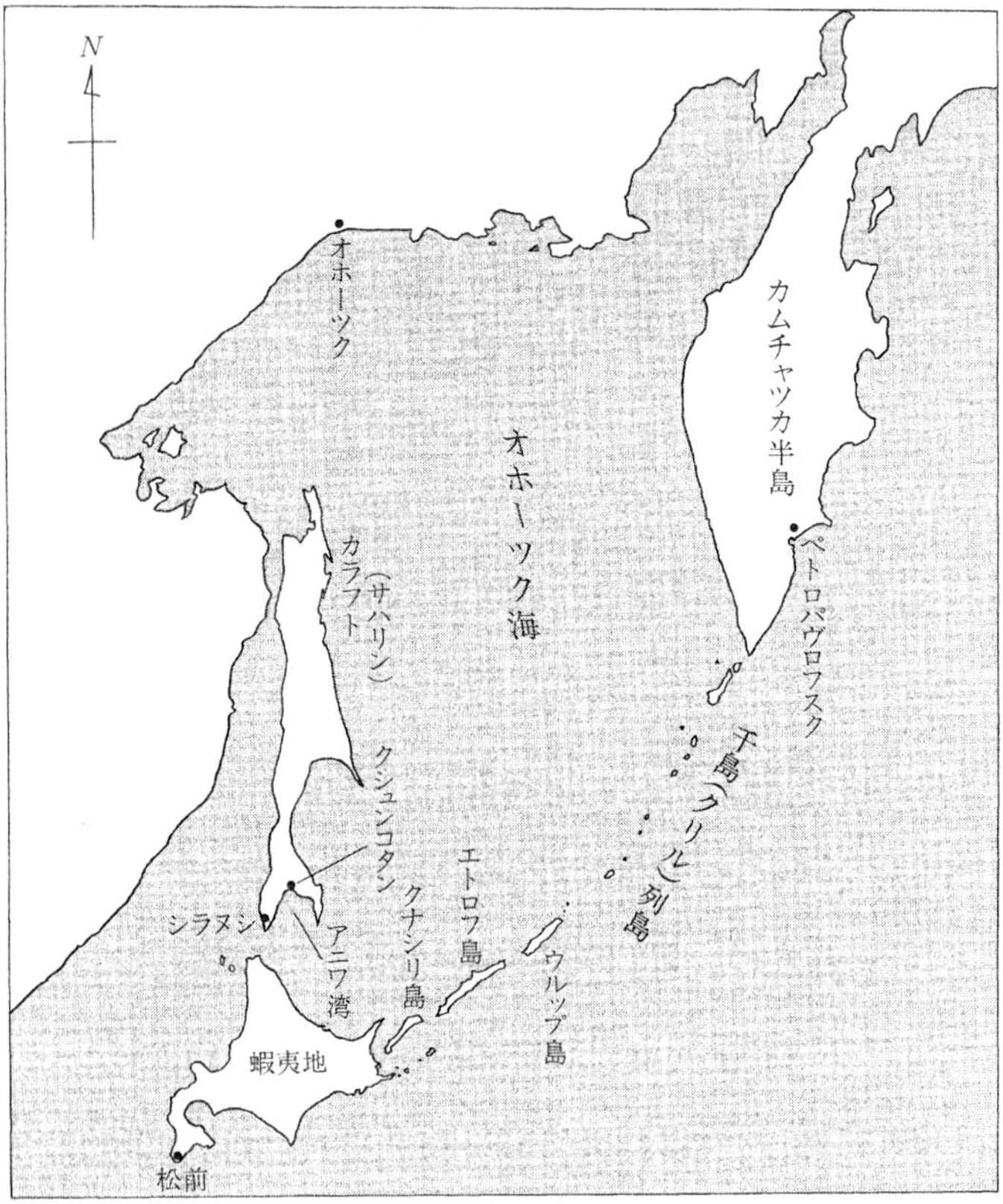
N
オホーツク
カムチャツカ半島
オホーツク海
ペトロパヴロフスク
カラフト
（サハリン）
千島（クリル）列島
クシュンコタン
エトロフ島
クナシリ島
シラヌシ
アニワ湾
ウルップ島
蝦夷地
松前

環オホーツク世界

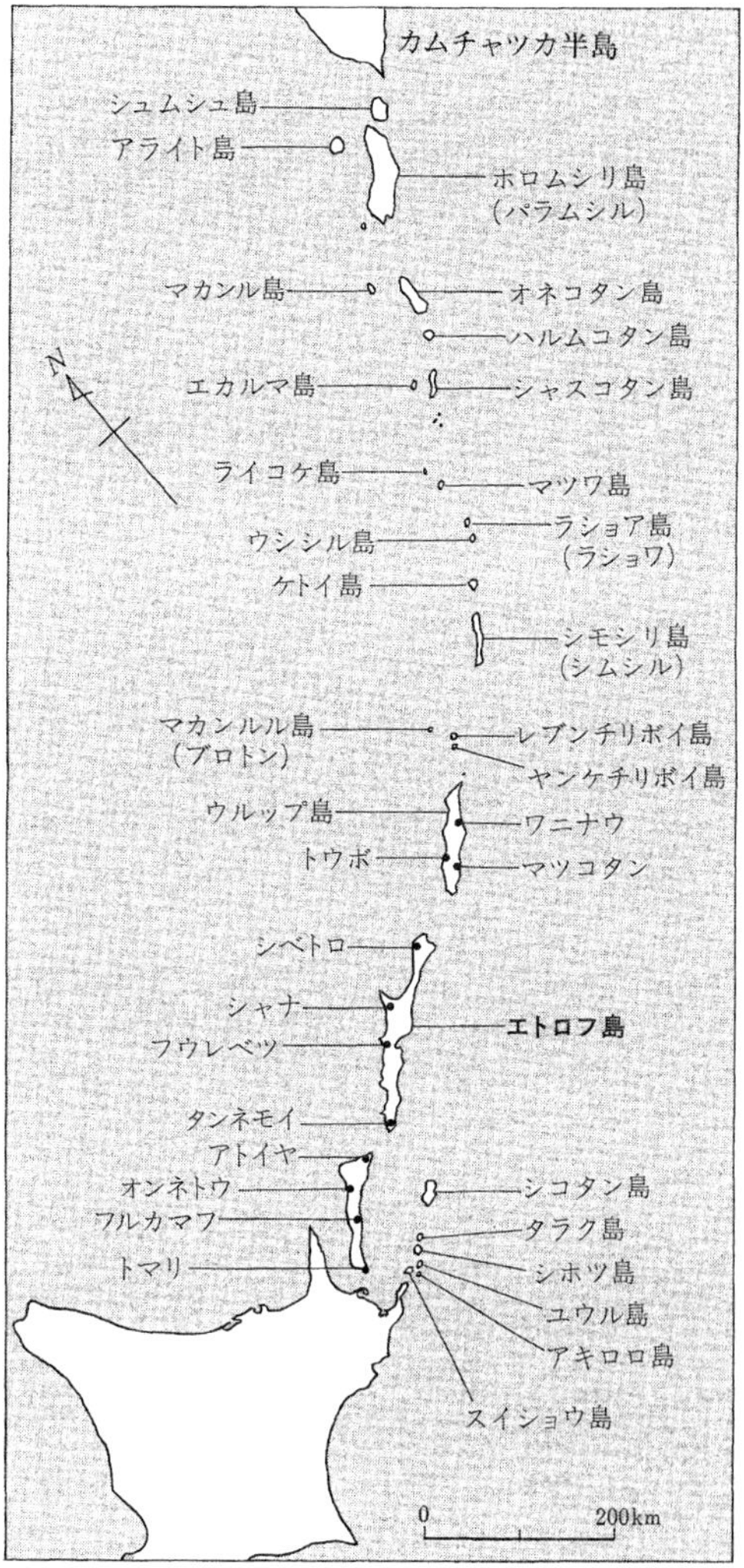

カムチャツカ半島
シュムシュ島
アライト島
ホロムシリ島
（パラムシル）
マカンル島
オネコタン島
ハルムコタン島
N
エカルマ島
シャスコタン島
ライコケ島
マツワ島
ラショア島
（ラショワ）
ウシシル島
ケトイ島
シモシリ島
（シムシル）
マカンルル島
（ブロトン）
レブンチリボイ島
ヤンケチリボイ島
ウルップ島
ワニナウ
トウボ
マツコタン
シベトロ
シャナ
エトロフ島
フウレベツ
タンネモイ
アトイヤ
オンネトウ
シコタン島
フルカマフ
タラク島
トマリ
シホツ島
ユウル島
アキロロ島
スイショウ島
0
200km

千島列島の島々

エトロフ島へのまなざし――プロローグ

本書のねらい

北海道島とカムチャツカ半島の間に列をなすように点在する島々、いわゆる千島列島のなかで、エトロフ島は最大の島である。三一三九平方㌔の面積（一九四五年）は、東京都の一九九六平方㌔や沖縄県の二二六五平方㌔（一九九四年）の約一・五倍もあり、北海道から自由に往来できない現在、その広さを実感することはなかなか難しい。クナシリ（国後）島とウルップ（得撫）島の間にあって、幅が狭く細長い島だが、一〇〇〇㍍級の火山がいくつもあり（国土地理院編集『三〇万分一集成図北方四島』）、鮭《さけ》・鱒《ます》などの豊富な漁業資源に恵まれているのはよく知られていよう。

戦後五〇年以上経てもなお、日本とロシア（旧ソ連）との間には未解決の領土問題が憂鬱にも横たわっている。現在の日本では、「国後《くなしり》・択捉《えとろふ》・歯舞《はぼまい》・色丹《しこたん》」を「北方四島」とひとつに括《くく》り、これを「北方領土」と呼ぶことが多い。「北方領土」という言葉は、一九五〇年代の日本政府とソ連との間の交渉ではまだ使われていなかった（高野雄一『国際法からみた北方領土』）。この日ソ交渉のなかで、日本政府は「南千島」の国後・択捉を今までソ連（ロシア）の領土になったことがない「固有の領土」であると主張しはじめるが、一九五一年のサンフランシスコ講和条約において千島列島を放棄していたという経緯があった。そこで国後・択捉は千島（クリル）ではないという論が組み立てられ、六〇年代に「北方領土」という用語が政府主導でひろめられるようになったものである。

現代日本人がエトロフ島を意識するとき、この「北方領土」という認識の枠組に否応なしに縛られているのであるが、エトロフ島を含む千島列島の島々がかつてどのような歴史をもっていたのかという点になると、近藤重蔵《じゅうぞう》らによる「北方探検」など偏ったわずかの知識や、ソ連の占領による住民の引揚げと領土返還運動という以上には、ほとんど知られていないのではないだろうか。遠い過去となった近世（江戸時代）のことになると、どのような住民（先住民）の歴史があったのか、皆目わからないのが実情であろう。

エトロフ島を主要な舞台として、一八〜一九世紀の千島列島の歴史的変遷を述べてみる、

図1　国後水道からみたエトロフ島南端のベルタルベ山
（川上淳氏撮影）

というのが本書の目的である。いうなれば、エトロフ島は江戸時代の半ばまで「日本史」（日本国家史）とは直接かかわりのないところに位置してきた。交易を通じての間接的な結びつきはもちろんあったとみるべきであるが、ほとんど視野の外にあった。ところが、一八世紀後期になって偶然か必然か、ロシアの登場という対外的緊張のなかで、「日本」という国家（幕藩制国家）が強烈に国境・領土を意識する場所に変貌してしまう。そのためにエトロフ島についての史料が北海道の他の地域よりも比較的多く残される結果となり、本書の試みのように、近世のエトロフ島の歴史をある程度復元することが可能となるわけである。

エトロフ島の歴史を知るというのは、歴史的な千島列島の島々のつながりのなかで、もともと国境など関係のないエトロフ島を内側に取り込んで、国境線が政治的に設けられたことによって、エトロフ島にどのような変化が生じたかを冷静に客観的に明らかにし、国境とはなにか、国家とは何か、国民とは何か、といったことについて考えを深めてみる、そういった機会を意味することにしたい。「固有の領土」であることを証明するためにだけ、歴史的関心が存在しているのではない。近世のエトロフ島に関心を向けるとき、幕閣もしくは幕藩権力の国家意思のありようはそれ自体としてきちんと明らかにする必要があるが、不可欠な視点は、エトロフ島に住んでいた人たち、なかんずくアイヌ民族の人たちの暮らし、なりわいといったところから、国境・国家・国民といった「国」にかかわる言説を問い直すことであろう。

もっとも、近世のエトロフ島にかかわったのは、国家（幕藩権力）と島の先住民だけではない。北海道から千島列島・カムチャツカ半島にかけて交易活動をした島外のアイヌの人たち、日本の列島経済を背景にして島の資源に目をつけた商人資本、奥羽地方などから島に渡った出稼ぎ民衆、そして毛皮や鯨を求めて千島列島および周辺海域に出現したロシア人・アメリカ人、などといった諸関係者にも充分な目配りをしたい。そのことによって、エトロフ島を「日本国」の辺境としてのみではなく、中心に置いたときに見えてくる北方世界のひろがりがイメージされてくればと思う。

エトロフ島の漢字表記

今日、島名に「択捉」という漢字表記が一般的に用いられている。明治二年（一八六九）八月に維新政権は「蝦夷地《えぞち》」を改めて「北海道」とし、国郡制を設けた。このとき、エトロフ島はクナシリ島とともに「千島国」を構成し、エトロフ島には択捉郡・振別《ふれべつ》郡・紗那《しゃな》郡・蘂取《しべとろ》郡の四郡が置かれた（その後千島国に中・北千島、色丹島を編入）。郡名としての漢字表記に「択捉」が採用され、島名もこれにならって「択捉島」と書かれるようになったものであろう。ただし、吉田東伍の『大日本地名辞書』のように、島名に「江捉」の漢字を当てているのは、島全体を意味しない郡名としての「択捉」と区別するためであったろうか。

それでは江戸時代にはどのように島名が記されていたのだろうか。寛政一〇年（一七九八）に幕吏近藤重蔵らが立てた標柱に「大日本恵登呂府」とあったのは有名である。「恵登呂府」は近藤あたりが使いはじめたものかと推察され、ある程度の使用のひろがりが認められる。漢字表記として他に「耳杜禄膚」（松前広長『福山秘府』）、「恵土魯布」（松浦武四郎『三航蝦夷日誌』）、「恵渡路部」「江都呂府」「衛刀魯府」「恵等侶府」「月多六福」「熱多羅払」（以上、北海道大学付属図書館編『日本北辺関係旧記目録』所収の書名より）などと書いた例を拾い出せるが、いずれも孤立的な使用にとどまっている。通常では漢字書きよりも仮名で書かれることがほとんどで、ヱトロウフ、ヱトロツフ、ヱトロウ、ヱトロフ、えとろつふと、ゑとろふ、えとろふ、などとまちまちに出てくる。そのなかで圧倒的に多いのがヱトロフである。

江戸時代の「蝦夷地」地名は一部の慣用化した漢字表記（余市・石狩など）を除けば、カタカナで書かれるのがふつうである。アイヌ語の聞き取り方によって、表記がひとつに固定されないのがしばしばである。したがって、本書では、蝦夷地のアイヌ語に由来する地名は原則としてカタカナで書くこととし、一つの表記に統一しなかったものもある。一つ一つの地名の書き表し方にも歴史性が反映されているのであって、明治以降のアイヌ語の意味を無視した漢字表記を、使用されていない過去にまで遡って使うことにはためらいを感じる。書名の表記も『エトロフ島』としたのはそのためである。

アイヌの島

クルミセとラッコ島

エトロフの地名解

エトロフの島名については、アイヌ語のエト・オロ・オプ、すなわち「岬のあるところ」の意に由来するとした『北海道駅名の起源』の解釈がよく紹介されているようだ（『角川日本地名大辞典1 北海道 下巻』など）。エトロフの地名解の歴史に少し触れておこう。最初に言及したのは、公務を帯びた日本人としてはじめてエトロフ島に渡った最上徳内《もがみとくない》と思われるが、徳内は次のように述べている。島の中央のモシリノシケというところに「ヱトロフワタラ」と呼ぶ「あげまき」の形に似た岩山がある。そのわずか北が「シャナア」（シャナ）にあたる。「ヱトロ」は鼻、「フ」は緒、「ワタラ」は岩という意味で、むかし「ヲキクルミ」（オキクルミ）と「シヤマイグル」（サ

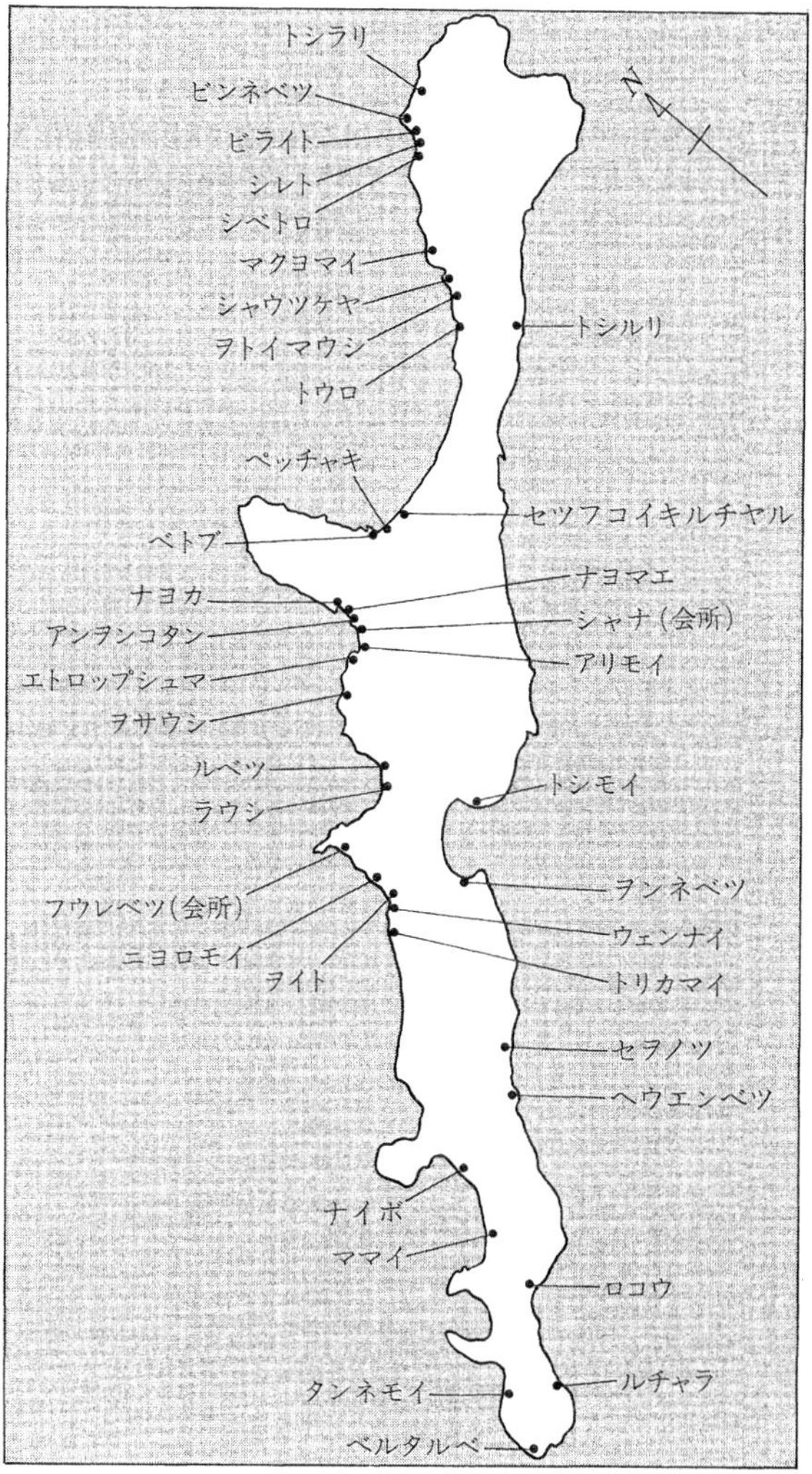
トシラリ
ビンネベツ
ビライト
シレト
シベトロ
マクヨマイ
シャウツケヤ
ヲトイマウシ
トウロ
トシルリ
ペッチャキ
セツフコイキルチヤル
ベトブ
ナヨマエ
ナヨカ
シャナ（会所）
アンヲンコタン
アリモイ
エトロップシュマ
ヲサウシ
ルベツ
トシモイ
ラウシ
ヲンネベツ
フウレベツ（会所）
ウェンナイ
ニヨロモイ
トリカマイ
ヲイト
セヲノツ
ヘウエンベツ
ナイボ
ママイ
ロコウ
ルチャラ
タンネモイ
ベルタルベ

図2　エ　ト　ロ　フ　島

マユンクル）の、神ともいうべき二人が蝦夷地《えぞち》に渡って来たさいに、その持っていた太刀の柄の鐶《わ》にさげた「鼻緒」の形に、「あげまき」状の岩山が似ていたのでエトロフと名づけたのだという（『蝦夷国風俗人情之沙汰』）。詳《つまび》らかならずとしながら、オキクルミとサマユンクルを義経と弁慶の二人だとする説も付記している。

また、寛政一〇年（一七九八）に近藤重蔵《じゅうぞう》に従ってエトロフ島に渡海した木村謙次（子虚、下野源助）が、その著『蝦夷日記』（山崎栄作編『木村謙次集』上巻）に記すところによれば、この島で判官《はんがん》（＝義経）が死んださいに従者が一人残って、判官を慕って泣く泣く鼻を落とし、この鼻が化して島になったのだという。アイヌ語で「ヱト」は鼻の意味で、同行していたアッケシのアイヌ「太郎」が語った話であった。この記述は、その後松浦武《たけ》四郎《しろう》が『三航蝦夷日誌』に抜粋して紹介している。

鼻緒の説も切り落とした鼻の説もこじつけにすぎないが、たとえば後志《しりべし》地方の弁慶岬（寿都《すっつ》町）がそうであったように、エトロフの地名解もまた義経蝦夷渡り伝説にからめとられていくすがたを読み取ることができる。アイヌの神謡に登場して活躍するオキクルミに義経を重ね合わせて、義経をアイヌの人たちの精神生活に刷り込ませていこうとしたのは、その伝説の「蝦夷」征服・服属物語からいって、相当に罪深い。日本人が北方・大陸に進出（侵略）するところ、常に判官義経の影があった。

武四郎の『三航蝦夷日誌』の記載ではエトロフ島にはモシリノシケもヱトロフワタラの地名もみえず、シャナの少し南、アリモイ近くの岩岬が続くあたりに、「ヱトロツフ」と呼ばれる巨岩があったという。モシリノシケという地名はクナシリ島には存在し、「島の中」という意味だと記している。木村謙次も同様「島ノ真中」の意だとしている。最上徳内はモシリノシケについてクナシリ島の地名を勘違いしたのか、あるいは巨岩のあるあたりが島の中央だという説明を地名と取り違えたのか、どちらかだろう。同じく武四郎著の『東西蝦夷山川地理取調図』には「ヱトロツフシユマ」の地名がみえるが、これは「エトゥ（岬）・オロ（の近くの）・プ（所の）・シュマ（大岩）」という意味だという（榊原正文『「北方四島」のアイヌ語地名ノート』）。

武四郎自身は、開拓使に対して意見を述べた『蝦夷地道名国名郡名之儀申上候書付』（明治二年〈一八六九〉）で、エトロは鼻、プは所という意味であると解し、人が鼻水を垂らしている形の石があることからエトロフと呼ばれた、とする説をあげている。石の形状にひっぱられている感がするが、岩の存在が命名のもとになったという理解であろう。この巨岩に近いアリモイ・シャナの湾は島中でもアイヌの有力なコタン（村）のあったところで、海を船で往来する人たちからみると、巨岩がこの島の中央部のシンボリックな目印の役割を果たしていたことは充分に考えられることである。

文献登場以前

エトロフ島に人間が住みはじめたのはいつごろからであろうか。遺跡の発掘調査の進展が待たれるが、これまでに断片的報告を含めて三〇ヵ所を超える、竪穴や貝塚のある遺跡が知られている（福士廣志「南千島エトロフ島シャナ出土の石器について」『留萌市海のふるさと館紀要』二）。エトロフ中部西岸のルベツ、シャナ、ベットブ（ベトブ）、中部東岸のトシモエ、北部東岸のシベトロといった湾地形のところに多く分布している。北海道の土器編年にしたがえば、縄文式、続縄文式、オホーツク式、トビニタイ式、擦文《さつもん》式の各土器、および内耳《ないじ》土器が、石器や骨角器などとともに出土している。

こうした変遷をみせる土器文化の担い手がどのような人々なのかはっきりしていないが、エトロフ島がオホーツク文化のひろがりのなかにすっぽり含まれていたことは注目しておいてよい。オホーツク文化というのは、オホーツク海を取り巻くように、カラフトから礼文島、利尻島、北海道のオホーツク海沿岸地域、および千島列島に展開した、海獣猟を主な生業とする狩猟文化であったといわれている。研究者によって年代観に多少のずれがあ

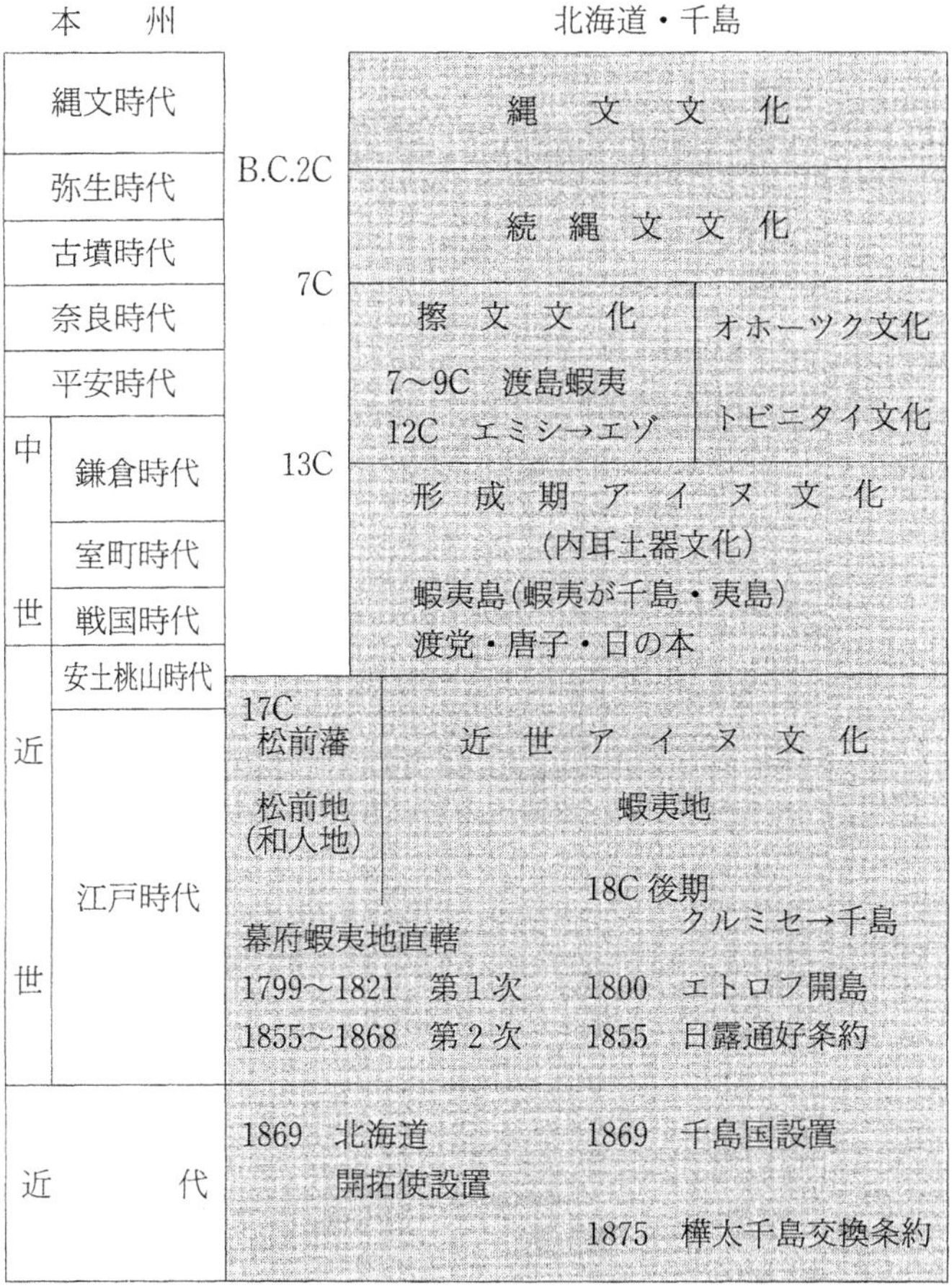

本　州		北海道・千島
縄文時代		縄　文　文　化
弥生時代	B.C.2C	続　縄　文　文　化
古墳時代		
奈良時代	7C	擦　文　文　化 ／ オホーツク文化
平安時代		7～9C 渡島蝦夷 ／ トビニタイ文化 12C エミシ→エゾ
中　鎌倉時代	13C	形　成　期　ア　イ　ヌ　文　化 （内耳土器文化）
室町時代		蝦夷島(蝦夷が千島・夷島)
世　戦国時代		渡党・唐子・日の本
安土桃山時代	17C 松前藩	近　世　ア　イ　ヌ　文　化
近	松前地 (和人地)	蝦夷地
江戸時代		18C 後期 クルミセ→千島
世	幕府蝦夷地直轄 1799～1821　第1次 1855～1868　第2次	1800　エトロフ開島 1855　日露通好条約
近　　　代	1869　北海道 　　　開拓使設置	1869　千島国設置 1875　樺太千島交換条約

図3　北海道・千島の時代区分

るようだが、七世紀ごろから一二、三世紀ごろまでの時代におおむね相当する。このオホーツク文化の担い手は、北海道に同時期に展開していた擦文文化の人々とは違う、北方から南進してきたギリヤーク（ニヴフ）の人々であったのではないか、とする見解が説得的であろうか（菊池俊彦『北東アジア古代文化の研究』）。その後、この文化は独自性を失って北海道の擦文文化に吸収・融合されてしまい、近世アイヌ文化への形成の道をたどっていくことになるのだと一般に考えられている。

江戸時代のエトロフ島の住民はアイヌ語・アイヌ文化を持つ人たちであったのは明らかであるが、その前史にはオホーツク文化を担う人々のいとなみがあり、それが中世という時代に北海道から北進してきた人々に吸収・融合されてしまったという歴史があったのかもしれない。エトロフ島や千島列島の住民の古い時代の歴史について、カムチャツカ半島などとのつながりを含めて、確かな像を結ぶことはまだ難しい。

くるみせ・千島

北海道島とカムチャツカ半島の間の島々を限定的に「千島」と呼ぶようになったのは江戸時代も半ばを過ぎてからであった。千島という呼称は中世の「蝦夷《えぞ》が千島」「千島の蝦夷」に起源していると思われるが、蝦夷が千島というのは本来、主要には北海道島をさして、それに付属する島々を含めて、「蝦夷」の人たちが住むたくさんの島々といった程度の意味であろう。それがしだいに蝦夷地（北海道）と区別されて、その奥東にある島々をさすようになったものである。林子平《しへい》が『三国通覧図説』（天明五年〈一七八五〉）のなかで、「蝦夷ノ東海中ニ千島ト称シテ図書ニ載ルモノ三十七島アリ」と書いたあたりが、千島の呼称がいわゆる千島列島をさして定着するきっかけとなったといえようか。

一八世紀の前半ごろまでは、エトロフ島を含む千島列島は「くるみせ」と呼ばれていた。たとえば、元禄一三年（一七〇〇）の『松前島郷帳』（『続々群書類従』九）に書き上げられた「くるみせ島の方」の島名として、いるゝ、つもしり、きいたつふ、もしりか、くなしり、もうしや、はるたまこたん、まかんるゝ、おやこば、しやむらてふ、らせうわ、しりんきさ、あとゐふ、くるみせ、ゐかりま、うるふ、ゐとろほ、ほんしりおゝい、しいあしこたん、ゐばいと、もとわ、けとない、もしや、しいもし、らつこあき、うせしり、れにんげちや、ふかんるゝあし、まさおち、しいもしり、ゐかるまし、まかんな、しりおゝい、こくめつら、の三四島があげられている。これらの島名は、徳川幕府が作成した『正保日本図』（正保元年〈一六四四〉ごろ）記載の島名と、一部文字の相違がみられるものの同一のものといってよい。

この三十余の島名のひとつにも「くるみせ」がみえるが、個別の島名と、島々の総称としての広狭二様の使い方があったことになる。右のほかに『正徳五年松前志摩守差出候書付』にも、蝦夷地（北海道）・カラト島（樺太）と並列的に「クルミセ島の蝦夷人」という表現がみられるし、新井白石《はくせき》の『蝦夷志』（享保五年〈一七二〇〉）もまたほぼ同一の島名をあげ、蝦夷地の「東北海中」にある「夷中」を総称して「クルミセ」というのだとしている。

クルミセの語源は不明だが、「蝦夷」のように人間集団名とその住む土地の両方に使われる例をみると、クルミセというのは、かつて千島列島に住んでいた異集団の残影であるのかもしれない。クルミセの名で呼ばれる一島はその本拠であったとみることもできる。千島列島の地名について調べるさい、現在でも一番頼りにせざるをえないのが吉田東伍の『大日本地名辞書』であるが、クルミセ・クルムセを「非アイヌ族」の人間集団だと理解しているのは注目に値する。それは現在の考古知識におけるオホーツク文化人なのか、それともカムチャツカ半島やアリューシャン列島方面につらなる人々であるのかは、何ともいえない。クルミセに替わって千島が用いられると、クルミセは千島列島よりさらに遠くのカムチャツカ半島をさすものと解釈され、地名の対象範囲は北方へ移動していった。

エトロフ島への関心の弱さ

クルミセと呼ばれていた時代のエトロフ島はほとんど着目されない、数ある小島のうちの一つにすぎなかった。『正保日本図』『大日本国海陸細見図』(『北方領土――古地図と歴史――』)に書き込まれた千島列島に該当する島々のひとつに、「ヱトホロ(ママ)」とあるのがたぶんエトロフ島であろう(図7・五三ページ)。他の島名も現在使われている島名を連想させるものが少なくないが、「クナシリ」に比べかなり小さく、エトロフ島の存在感はきわめて乏しい。

これとは系統を別にすると思われる寺島良安《てらじまりょうあん》の『和漢三才図会《わかんさんさいずえ》』(正徳三年〈一七一三〉)所載の「蝦夷之図」には、現在の知床半島が「志利恵止古島」として大きめの島に描かれ、その近辺に、「女人島」「クルミセ」「シヒュタン」「久奈尻」「猟虎島」「ヱトロツフ島」、およびいくつかの「無名島」が配されている。また、この形状に似た地図として『津軽一統志』巻十付図(享保一六年〈一七三一〉)が知られている。知床半島が島でなくなっていることや、「クナシヤシマ」「ヱノコシマ」「ラッコシマ」「小人島」「女島」などの島名には異同があるものの、女人島・女島といった想像上の島が出ているように、背景を共通とする意識面をうかがわせる。

女人島や小人島というのは、「女《にょ》ごの島」「ちいさご島」が記される御伽草子《おとぎぞうし》『御曹子《おんぞうし》島《しま》渡《わたり》』の物語世界の「ゑぞが島」「千島」のイメージをひきずっているのは明らかだろう。その点では『正保日本図』などより古態を残しているといってよい。『和漢三才図会』にエトロフ島が記されているといっても、そこから女人島や猟虎島以上に興味を示す意識が働いているとは感じ取れない。

一六四三年に、オランダ東インド会社のフリースがカストリクム号・ブレスケン号の二船で北方海域を探検航海したさい、「エゾ」の先に二つの島を「発見」し、その島にスターテンアイランド（エトロフ島）、カンパニースランド（ウルップ島）と名づけた（北構保男『一六四三年アイヌ社会探訪記』）。クナシリ島を北海道の一部とみてしまった誤りがあったが、その描いた地図が、ヤンソンの『日本および蝦夷図』（一六五八年）などに取り入れられ、ヨーロッパの地理認識の基本となった（図録『西洋人の描いた日本地図』）。これと比べて、一八世紀半ばまではかえって日本のほうが、エトロフ島への着目が乏しかったのは否めない。

ラッコ島

そのいっぽう、『正保日本図』系統の地図に書き込まれた数ある島々のなかで、ひとまわり大きく描かれているのが、「クナシリ」と、「ラツコ有」と書かれた「クルミセノ島」であった。『正徳五年松前志摩守差出候書付』にクルミセ島ならびにその周辺の島は合わせて「ラツコ島」と呼んでいると記されているのや、享保二年（一七一七）幕府巡見使による記録『松前蝦夷記』に、「蝦夷地からと島らつこ島共一円志摩守領分也」とみえるのは、広義のクルミセ＝千島列島が別名ラッコ島とも意識されていたことを物語っている。次に述べるように千島列島の産物としてラッコ（猟虎）が有名であったからである。

ラッコ島は一般にウルップ島をさしていると理解されているが、松前広長『松前志』（天明元年）に「ウルフ是即ラッコ島也」と書いてあるあたりが、その早い使用例であろう。また、幕府の蝦夷地調査隊の一員として最上徳内が天明六年（一七八六）にエトロフ・ウルップ両島に渡り、ラッコがたくさん棲息しているのがウルップ島であると確認して以来ひろまったといえる。そのときの調査隊の記録『蝦夷地一件』に「ウルツフ島はラツコ島とも唱へ、此島に限り猟虎これ有り候由」とあるし、最上徳内自身も『蝦夷国風俗人情之沙汰』に、「ウルツプ島、一名猟虎島ともいふ」と書き記し、ラッコ島＝ウルップ島観を確固たるものにした。徳内以前には、『正保日本図』などに「うるふ」という名の島がみえてもラッコと結びつけられることはなく、クルミセ＝ラッコ島としてばくぜんと意識されていたにすぎなかった。

近世前期における千島列島観をまとめてみると、クルミセという歴史的過去となった異集団の幻影をわずかに残しながら、御伽草子の室町物語的な蝦夷・千島イメージが重なり、ラッコの毛皮で表徴されるような蝦夷地の東方奥地に存在する一群の島々（クルミセ＝ラッコ島）ということになるだろうか。エトロフ島はその島々のひとつの島名としては知られているものの、特別に何かを意識させる島ではなかった。エトロフ島の大きさ・位置、あるいは重要性が地理・地図認識のうえではっきりしてくるのには、松前藩ではその情報がしだいに増えつつあったであろうが、一七八〇年代の林子平、あるいは最上徳内の登場をまたねばならなかった。

道東・千島列島の交易

メナシとラッコ交易

ラッコ皮は室町時代の文献に出てくることが明らかになっている。応永三〇年（一四二三）に、安藤陸奥守なる人物が室町将軍に献上した諸品のなかにみえる「海虎皮」（『後鑑《のちかがみ》』）が、ラッコの毛皮であろうと考えられている（児島恭子「『えぞが住む』地の東漸」『メナシの世界』）。その後、日本イエズス会が一六〇三年に刊行した『日葡《にっぽ》辞書』には、「ラッコの皮のような人じゃ」という、撫《な》でるとどちらにでも自由になびくラッコの毛皮の性質をとらえた、人を揶揄する慣用句が掲載されている（『邦訳日葡辞書』）。こうした慣用句が成立するほどに、戦国時代から近世初期にかけての時代には、ラッコ皮が馬具の鞍《くら》をこしらえるための材料などとして（H・チースリク編『北方探検記』)、声価が高かったことを示しているだろう。ちなみに、江戸時代を通じてもラッコ皮の需要は馬具に作るのが主だったようで(平秩東作《へずつとうさく》『東遊記』)、長崎貿易にも回されていた(『蝦夷国風俗人情之沙汰』)。

中世には津軽十三湊《とさみなと》に本拠を置いていた安藤(安東)氏が日本社会への北方産ラッコの供給者として立ち現れていたが、近世になると、豊臣秀吉政権によって松前地の領主権が公認された松前(蠣崎《かきざき》)氏がアイヌ交易を独占し、蝦夷地産品を一手に握るようになる。ラッコがそうした主要な北方産物のひとつであったことは、松前に渡ったイエズス会の宣教師アンジェリスの二度の報告(一六一八・一六二一年)から知ることができる(『北方探検記』)。

その報告によれば、松前の東部の方にある「ミナシの国」の「蝦夷人」たちがヨーロッパの貂《てん》の皮に似たラッコの皮を持ってきて高価に売っていた。ただし、ラッコは「蝦夷」(北海道島)では棲息していないので、メナシ(ミナシ)の人々がラッコと称する一島に出かけて行って、「蝦夷人」とは言葉や風俗の違う人たちから買ってくるのだと記されている。そうであるとすると、メナシのアイヌたちはラッコ島と松前藩との間のラッコ皮の中継交易者としての顔を見せていることになろう。

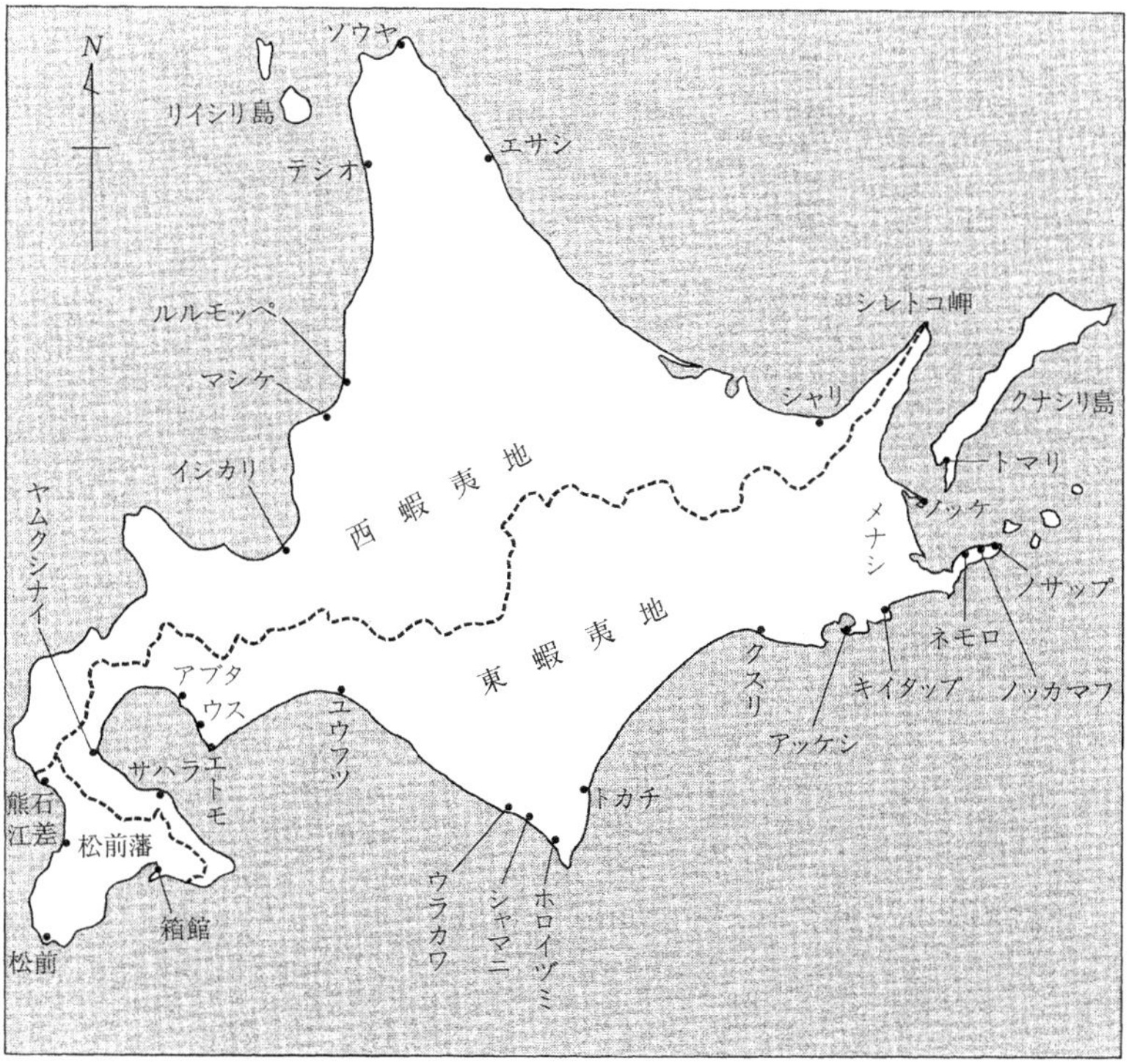
N
ソウヤ
リイシリ島
エサシ
テシオ
ルルモッペ
マシケ
シレトコ岬
クナシリ島
シャリ
トマリ
イシカリ
西蝦夷地
ノッケ
メナシ
ヤムクシナイ
ノサップ
東蝦夷地
ネモロ
アブタ
ウス
ユウフツ
クスリ
キイタップ
ノッカマフ
アッケシ
サハラ
エトモ
熊石
江差
松前藩
トカチ
ウラカワ
シャマニ
ホロイヅミ
箱館
松前

図4　蝦　夷　地　全　域

メナシのアイヌは、一七世紀前期の『盛岡藩雑書』にも「妻無（目無）」の「狄」として姿を現す。寛永二一年（一六四四）に下北半島の田名部に渡海してきてラッコ皮をもたらしていたことが知られている。メナシというのは一八世紀末ではクナシリ島に向き合った北海道側の沿岸地域をさすが（今日の目梨郡とは少し場所がずれている）、一六六〇年代ではメナシクルと呼ばれた人々の居住地域、すなわち日高地方から十勝地方にかけての沿岸地域がメナシとみて差し支えあるまい。右の史料からいえるのは、近世初期にはメナシのアイヌとラッコとは密接なつながりを持っていたということであろう。アンジェリスの報告は、ラッコ島方面の島々から二人の者が松前に渡来してきたということも書いているが、まだメナシ以東の人々の松前における影は薄いというべきである。

アッケシとキイタップ

少なくとも一六六〇年代になると、ラッコ交易の事情が大きく変化している。寛文九年（一六六九）にメナシクルを中心としたシャクシャインの戦いが起き、それに関連してラッコ島方面の情報も断片的ながら伝えられた。当時、『蝦夷談筆記』によると、東蝦夷地ではクスリ（釧路）、アッケシ（厚岸）までが松前藩より派遣した交易船が往来できるところであった。クスリ・アッケシのアイヌたちがラッコ島に渡ってラッコの皮を持ち帰り、松前側と商いしたとみえる。ラッコ島の人たちを気遣って「達者」な者しか島へは行けず、「日本人」はラッコ島に行ったことはなく、ラッコ島の人々も蝦夷地には来なかったという。また、『津軽一統志』によると、「あつけし」から「みむろ」(ネモロ)、「のしけ」(ノッケか)、「らつこ島くなしり」に至る海上ルートの存在が知られ、「のしけ」と「くなしり」の人々が冬期氷上のラッコを捕獲するのだと記されている。

なかでも注目すべきは、弘前藩から松前城下に「物聞《ものぎき》」(スパイ)として派遣された則田安右衛門が書いた『寛文拾年狄蜂起集書』の記事である。そこには「ラツコの狄《えぞ》」がシャクシャインの蜂起のために松前藩の交易船がやってこず大変「迷惑」しているとして、「浦川」(ウラカワ)まで様子を見に来て、松前藩に船の派遣を求めていることが記されている。また、下クスリ・アッケシのアイヌが土産としてラッコ皮・熊皮・真羽《まば》を持参してシラオイまで来て、松前藩に交易船派遣を訴えていた。

「ラツコの狄」と下クスリ・アッケシはあるいは同一の存在かもしれないが、彼らはシャクシャインらの日高地方のメナシクルとは一線を画し、松前藩との交易関係を望んでいたということを示している。この段階では、もはや日高地方の人たちはラッコなど東方交易から断ち切られており、それ以東の人たちが直接松前藩と関係を取り結ぶ交易形態に変化してしまったことが、シャクシャインらの松前藩に対する反発を買い、蜂起にいたる大きな枠組みをなしていたと考えてよいかもしれない。

松前藩における、藩主や家臣が蝦夷地に交易船を派遣して交易を実現する形態をふつう商場《あきないば》交易、またその権利を保障する制度を商場知行《ちぎょう》制と呼び慣わしているが、はじめアッケシが藩主の商場としてその交易船が行く最東の地であった。その後、元文四年（一七三九）に成った坂倉源次郎『北海随筆』にはキイタップ（霧多布）が「東海商船通路のかぎり」と記されるように、商場がアッケシからキイタップへと伸び、ラッコもキイタップで交易されるようになっている。「蝦夷の千島」の人々がラッコ島で猟をしてキイタップにもたらしているのであるが、まだラッコ猟の担い手としてエトロフアイヌの姿は知られていない。一七五〇年代になってクナシリ場所が松前藩によって開設されるようになると、クナシリ島のトマリにラッコ交易の拠点が移っていくことになる。

ロシア人の記録からみた千島交易

一八世紀前期の道東・千島交易の様子は、ロシア側の記録からも知ることができる。シベリアを東漸するロシア人はすでに一六四九年にオホーツクの町を建設しているが、カムチャツカ半島にコサック隊が派遣されるのは一七世紀の終わりごろから一八世紀初頭にかけての時期であった。カムチャツカ半島の南部に列島があるのがわかると、すぐにその島々の情報収集にあたった。半島の住民カムチャダール（イテリメン）と交易・通婚する「クリル異人」が「発見」されるわけだが、クリルという民族呼称はカムチャダールの人々が千島アイヌをクジ（複数形クジン）と呼んでいたことがもとになっているという（村山七郎『北千島アイヌ語』）。

千島アイヌとカムチャダールの交易については、ロシア人の記録ばかりでなく、たとえば日本の貨幣である寛永通宝がカムチャツカ半島の遺跡から発見されているように、遺物からもはっきり確認されていることである（菊池俊彦『北東アジア古代文化の研究』）。ここではエトロフ島を中心に紹介するにとどめるが、一七一三年にコズィレフスキーがプルムシル島（パラムシル島）まで渡ったさいの報告には、クリル人から聞いた列島情報がかなり詳しく記されており、同島へエトロフ島から交易に来ていたシャタノイが情報源の一人となった（秋月俊幸「コズィレフスキーの探検と千島地図」『北方文化研究』3）。

それによれば、イトゥルプ（エトロフ）は大きな島で人口が多く、その島民は北方諸島のクリル人からキフ＝クリルと呼ばれていた。キフ＝クリルというのは日本人のいう「エゾ」にあたるのだという。また、クナシル（クナシリ）はそれまでの諸島中最大の島で、彼らは交易のためしばしば松前島（北海道島）に行き、松前島からも彼らのところにやってくるといい、ウルプ（ウルップ）の人たちはクナシルで木綿や絹布を購入し、これをシュムチュ（シュムシュ島）やプルムシルに持参してラッコ・狐・鷲羽と交易していた。マトマイ（松前島）についても、列島最後の島でキフ＝クリル（エゾ）が住み、この島の南西岸に日本人が松前という都市を建てていたことなども記されている。

コズィレフスキーの地図をもとに作製されたとされる「シェスタコフ地図」にもクリル人の情報が記載されているが（『北千島アイヌ語』）、イトゥルプの人たちがカムチャツカに商売にいくこと、クナシル島には松前島から小舟でやってきて絹布・綿布・鍋・黒貂《くろてん》・ラッコ・狐と、生きた鷲・鷲羽と交換していたことなどが知られる。クナシリ島の人たちが松前島に行くというのは、前述のキイタップでの松前藩との商場交易あるいはアイヌ間交易をさしていると考えられるが、日本製品を手に入れたクナシリ・エトロフ両島のアイヌが、北千島・カムチャツカ半島方面に出かけ積極的な交易活動をしていたといえるだろう。それを促していたのは、日本社会の領主的需要に支えられたラッコや鷲羽であったのはいうまでもない。

沈黙交易

道東と南千島のアイヌ間の交易について、新井白石の『蝦夷志』（享保五年〈一七二〇〉）が興味深い記述を残している。クルミセの「島人」とキイ

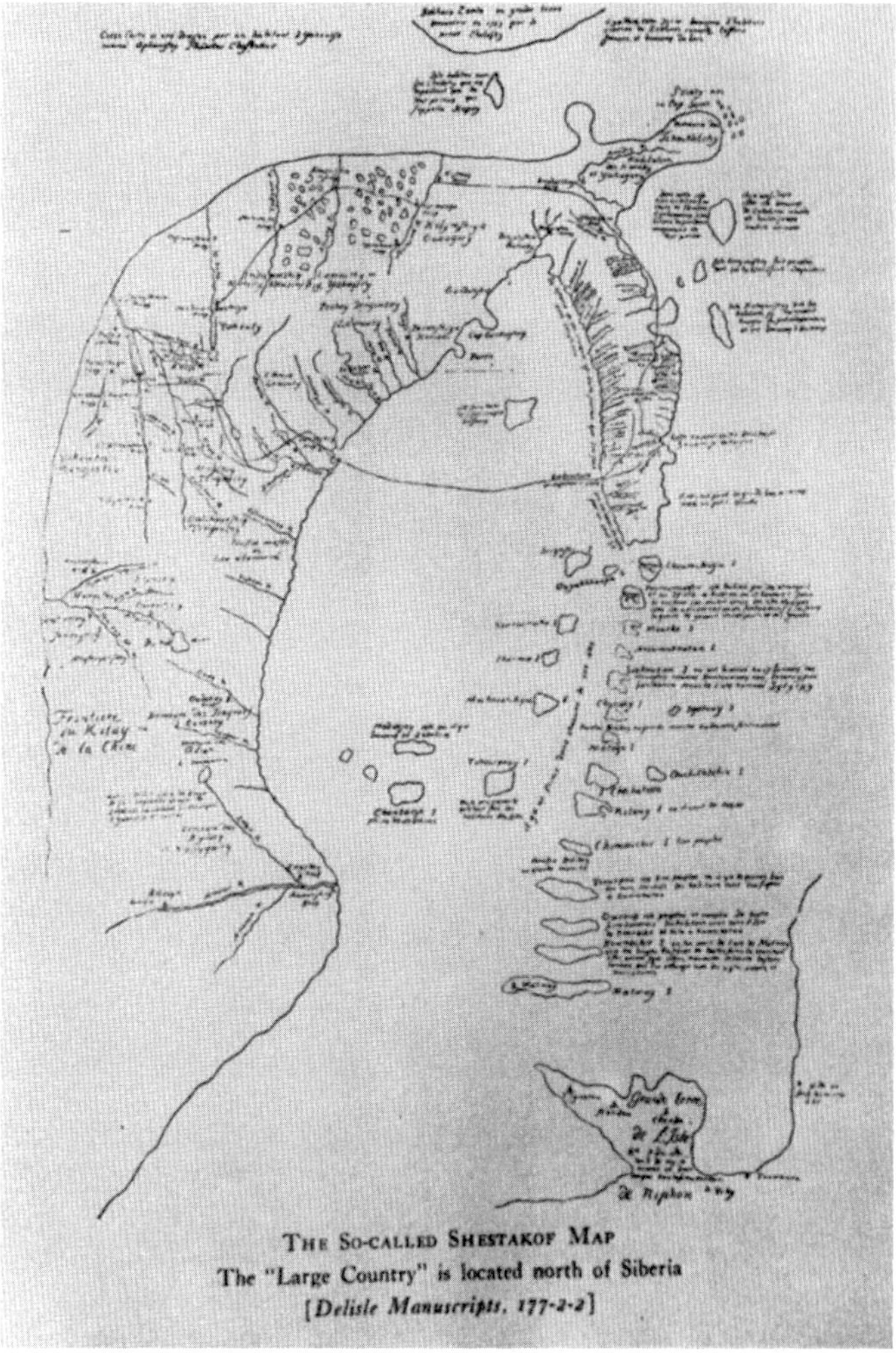

THE SO-CALLED SHESTAKOF MAP
The "Large Country" is located north of Siberia
[*Delisle Manuscripts*, 177-2-2]

図5　シェスタコフの地図

タップの「夷人」との間にみられる、きわめて珍しい「互市」の例だとしているものだが、毎年「夷人」は船に貨物（米・塩・酒・煙草・綿布）を積んで島にやってくる。船はすぐに陸づけされるのではなく、岸から一里ばかり離れたところにとどまる。これを見た「島人」はその集落を離れて山上で待避する。「夷人」はそれを確認してから貨物を海口に陳列して、ふたたび岸を離れて待つ。「島人」は自分たちの「方物《ほうぶつ》」（獣皮すなわちラッコ皮が主であろう）を持ってきて、欲しいと思う物と交換し、相当分の獣皮を置いて立ち去る。「夷人」はその「方物」を船に積んで帰ることになるが、「方物」が多すぎると思うときには一部を残しておくか、あるいは見合う船貨を置いていくのだという。

このように当事者が直接顔を合わせないで交易を実現する形態は、ふつう文化人類学では沈黙交易（サイレント・トレード）と呼んでいるもので、接触によるお互いのストレスを避けるために取られる方法だといわれている。人類史的にみると決して珍しい事例ではない。はたして白石が指摘するように沈黙交易が道東・千島列島間の一般的な交易形態であったのかわからないが、前述のようにクスリ・アッケシの人たちがラッコ島の人たちに「気遣」を見せていたことからすれば、両者の間にいたずらに摩擦・紛争を生じさせないために沈黙交易が存在していた可能性は否定できない。

千島列島のラッコの毛皮は松前・日本側の需要ばかりでなく、千島を南下してきたロシア人の注目するところでもあった。ロシアはシベリアの先住民にヤサーク（毛皮税）を課しながら版図のなかに編入してきたが、北部・中部千島のクリル人たちもヤサークの徴税対象とされ、ロシア化が進んだ。

ウルップ島事件

しかし、ロシア化がスムーズに運んだわけではない。ロシア人と千島アイヌとの間の軋《あつ》轢《れき》が表面化したのが、明和八年（一七七一）のウルップ島事件の発生であった。明和二年ごろから、南千島・道東の水先案内として使役しようとするロシア人の横暴な態度が、中部千島のラショア島のアイヌの反発を買っていた。また、ロシア人はウルップ島にやってきてラッコ猟を強行し、ラッコの猟場を持つエトロフ島のアイヌとの間に対立が深まっていた。一七七〇年春、ウルップ島に出猟してきていたエトロフ島アイヌとロシア人の航海士サポージニコフ一行との間で衝突が起き、二人のアイヌが鉄砲で殺されてしまった。

翌年、エトロフアイヌがウルップ島に出猟したさい、ふたたびロシア人の襲撃・略奪を受けたので、先年来遺恨を感じるラショア島のアイヌと相談して、ロシア人を見つけしだい襲って殺すことを決め、ウルップ島および近くのマカンルル島に居合わせたロシア人数十人を殺害した。ロシア人のS・ズナメンスキーの著書（秋月俊幸訳『ロシア人の日本発見』）では二一人が殺されたとしている。

これがウルップ島事件のおよその顚末である。松前藩の記録では、「蠟穀島」（ラッコ島）で「蛮人」（ロシア人）が「我地方の夷人」によって都合二〇人殺され、残党七十余人が逃げた、という程度の記録しか残っていない（『松前年歴捷径』）。もちろん、幕府はまったく知るところではなく、その後幕府が蝦夷地を幕領化してから、この事件について関与したアイヌから詳細に事情を聞き、はじめて事件のあらましが日本側でも明らかにされている（羽太正養《はぶとまさやす》『休明光記』）。

『福山秘府』によると、享保一六年（一七三一）の夏、「耳杜禄膚」（エトロフ）および「屈諾失里」（クナシリ）二島の「蝦夷」がはじめて松前藩に「来辟《らいへき》」してきたことを記している。また、『松前家記』もこの年、「恵杜魯府」と「久那支里」の両島の「酋長」が松前藩に「来貢」してきたとしている。これは献上品をもって松前城下にウイマム（交易＝御目見）に訪れてきたのであろう。それまでも両島のアイヌはアッケシやキイタップに毎年来る松前交易船の前にはラッコや鷲羽を持って姿を見せていたと思われるが、まったく政治的な関係・交渉の外側に位置していた。それに変化が見えはじめたのがこのころであろうか。前述のように、ラッコ島もカラフト島（カラフト）も松前藩の領分という意識が享保年間（一七一六〜三六）にはあったとはいうものの、それはまだ支配という実態には遠く及ばないもので、ロシア人による千島列島のクリル人掌握の進展に比べ緩慢な動きであったといわざるをえない。

漂流民の見たエトロフ島

千島列島への難破船漂着

松前藩の交易船や幕府の役人がいまだその地を踏んだことはなく、アイヌの人たちを介してしかわからなかったエトロフ島・千島列島の様子であったが、たまたま偶然に漂流民の見聞によってエトロフ島の情報がもたらされることがあった。日本人の海外渡航がきびしく禁止されている鎖国制下にあって、船が難破して異国への漂着を余儀なくされた人たちの異文化体験は貴重な外国知識の供給源となった。日本へ送還後、幕府などに取り調べを受けて作成された口書《くちがき》類が漂流記、異国見聞録として流布した。千島列島への漂流記も、まだ輪郭のはっきりしない近世前・中期の島々に暮らす人々の生活・風俗をかいまみるのに格好の材料を提供してくれている。

江戸時代を通じて日本船が太平洋側の回船ルートからはずれて北海道東部や千島列島、あるいはアリューシャン列島に漂着した事例は少なくないが、エトロフ島（あるいはその付近）に漂着した例としては、万治三年（一六六〇）難破し、翌寛文元年漂着の伊勢国松坂の船、正徳二年（一七一二）漂着の大隅国浜之市船、宝暦六年（一七五六）漂着の紀伊国薗村の船、の三例が確認されている（「日本近世漂流記年表」『漂流奇談集成』叢書江戸文庫1）。

宝暦六年の例は最上徳内の『蝦夷国風俗人情之沙汰』（『蝦夷草紙』）が出典である。徳内が天明六年（一七八六）にエトロフ島へ渡ったさいに、ヘレタルベ（ベルタルベ）近くのモヨロで、「古碇三頭」を見つけているが、これは、紀州薗村の堀川屋八右衛門手船（沖乗船頭友右衛門）が宝暦六年二月七日に相模国浦賀の湊を出帆して難風にあい、同年五月一七日にエトロフ島のモヨロに漂着したときのものだと記している。ただし、寛政一〇年（一七九八）に、徳内らとともにエトロフ島に渡った木村謙次は、徳内説は何にもとづくのか知らないとしているから（『蝦夷日記』）、徳内の記述は裏付けが必要であろう。

寛文元年の伊勢松坂船漂着

ここでは漂流民の口書＝漂流記が残されている寛文元年と正徳二年のエトロフ漂着について検討してみたい。まず、寛文元年の漂着については、『勢州船北海漂着記』（『江戸漂流記総集』一）の名で紹介されている「口書」がある。また、同種の口書の写しが『玉滴隠見《ぎょくてきいんけん》』巻一五、『視聴草《みききぐさ》』六集五（『玉滴隠見抄書』）、松前広長『福山秘府』にも収められている。『視聴草』によると、江戸帰帆後、「公義」すなわち幕府に提出したものという。

『北海漂着記』によれば、万治三年（一六六〇）一二月二三日、伊勢松坂の七郎兵衛船に紀州藩（和歌山藩）の江戸回米を積んで、船頭・水主および紀州藩の上乗一人の合計一五人が乗り組み、志摩国鳥羽を出帆したが、遠州灘で二四日夜から「難風」に遭い、漂流するままに翌寛文元年七月一五日に「名もなき所」に漂着し、大岩に乗りかけたので端船《はしぶね》に乗って上陸したというものである。徳内はエトロフ島東海岸北部のトウシルル（トシルリ）という所で、やはり古い碇《いかり》を見ている。これが寛文一二年（万治三年の間違い）に志摩国を開帆した勢州船のものであろうと述べている（『蝦夷国風俗人情之沙汰』）。「白き真砂《まさご》の有る所に水流れ出で」る川端に苫屋《とまや》が二軒あったという表現はトシルリ川の存在に合致し、徳内の比定は正しいかもしれない。ただし、『視聴草』では「江ト路津フトノ島ト云所エハ磯伝ヒニ船ニテマイリ」とあって、エトロフ島とは別な所に漂着したようにも読めるが、その解釈はひとまず採らないでおく。

上陸場所に一二日居てから、往来三日道ほどの島人在所までついて行った（おそらく西海岸にあるコタンに向かったものか）。「えとろつふと」（エトロフ）の島は船で磯づたいに南下し、「くる尻」（クナシリ）を経て蝦夷地に渡った。磯づたいにトカチまで来た所で、松前藩の家来田中平兵衛・津田七郎右衛門という者に会い、改めを受けている。二人は蝦夷地で「一揆」が起きたため出張してきたのだというが、シャクシャインの戦いの戦後処理であろうか。松前城下では彼らは帯を解かれ、着物を振われて厳しく取り調べを受け、帰国の道中に必要な「手形」を与えられている。松前から江戸に「帰帆」したのは九月八日のことであった。

獣皮衣・弓・ラッコ

漂流民の観察はいつの場合でもそうだろうが、自分たちとは異なる、相手の身体風俗にいちばんの関心が注がれるものである。漂流民の島人の観察を見てみよう。まず衣服であるが、裸身に、獣の皮の毛のほうを内側にして縫い合わせ細袖《ほそそで》にしたものを着、その上に熊の皮を縫い合わせたものを毛を外のほうにして着ているという。獣皮衣の着方として興味深い。漂流民が着ていた濡衣を一〇枚ほど干していたら、これを島の人たちに奪われてしまい、代わりに獣の皮六枚を投げ渡されたというが、木綿の着物などは交易量がまだ乏しく、着古しであっても非常に貴重なものであったことを示している。この渡された獣皮は、トカチで松前藩の家来に、一般人の所有が禁じられている「唐猟虎」だとして没収されてしまった（『視聴草』ではトド・ラッコ。この方が正確か）。島人が着ていた獣皮もこうした海獣皮であったのだろう。

島の男の身長は日本のふつうの人に比べ七〜八寸（約二一〜二四センチ）も高いとされ、耳には金銀の環（耳飾り）をつけ、頭髪は肩にとどくあたりで切りそろえ、禿《かむろ》のようにみえたという。禿というのは、髪を短く切りそろえて垂らした子供の髪型であるが、それに近くみえたのだろう。『北海漂着記』は「髪なるほど長く御座候」と記しているが、『福山秘府』のように「ヒケ」（髭）とあるのが正しいだろう。白鞘一尺四寸ないし五寸くらい（約四二・四〜四五・五センチ）の長さの脇差を「れんちやく」（連尺）様なもので首に掛けており、また長さ四尺（約一・二一メートル）ばかりで弓形が丸い弓を持っていたとも記す。漂流民たちは何かと弓でおどされたというから、常に弓を携帯していたのだと思われる。ラッコ、アシカ、鯨といった海獣は弓で射るとあり、主たる狩猟具は弓であったことになる。刀は狩猟具、武器というより、身体にふりかかる危難を防ぐための呪術的なものなのであった。

これらの身体性からみると、髪型、長い髭《ひげ》、耳飾り、刀などは北海道のアイヌの人たちと大きく変わるものではないようだ。そのうえでの特徴としては、獣皮衣や弓の携帯や交換手段としてのラッコ皮の扱いをみていると、エトロフ島の人々、とくに男たちの主たる生業は海獣猟、ラッコ猟であったことを強くうかがわせるものがある。ラッコ猟・ラッコ交易で生きる人々と理解してそれほど間違いなかろう。

正徳二年の大隅国船漂着

伊勢松坂船漂着の約五〇年後、正徳元年（一七一一）一〇月二三日に鹿児島藩の米六五七石を積んで大隅国浜之市を出航し大坂に向かった船頭次郎左衛門船（雇の沖船頭長右衛門以下一五人乗）が、一一月一二日内の浦を出たところ、日向灘《ひゅうがなだ》で「難風」に遭って漂流をはじめ、翌年四月三日ごろ島を発見、翌日雪の降り積もる「平き島」に接近した。これがエトロフ島であったが、場所はわかっていない。「猟船」らしき船を見つけたので手招きなどして呼び寄せると、人物が「日本」と変わり言葉も通じなかった。しかし、仙台・南部・松前とかいう地名が出てきたので仙台と応えると、「とまり、とまり」といって西の方を指さし、枕をして休むしぐさをしてみせたので、「とまり」とは湊のことだとわかったという。エトロフの島人が松前のみならず奥州の仙台・南部を知っていたのは、彼らの地理情報のひろさをうかがわせる。

五日の朝になり、島人の手招きで船着き場から上陸した漂着民は、三軒ほどある「小家」のなかに案内された。「小家」は「しほや」（塩屋）のような形で、柱が無く、草柴の屋根、五畳敷ほどのひろさであった。屋内に男二〇人ほどがおり、そこで見たものは「日本のきせる」で、「たばこ、たばこ」というので、ここは「日本の内」かと思ったという。日本産煙草が交易品として入り、エトロフ島でも喫煙習慣がすっかり定着していたとみてよい。また、脇に刀二腰がおいてあったが、それをいきなり抜いて船頭の首にあてたので殺されるかと思ったという。耳元でからからと振って鞘《さや》におさめた。あとで、これは「祈禱」のようなものだと聞かされている。

衣類など奪取される

翌六日の朝、突然一三〇人ないし一四〇人もの島人が船に乱入してきて、漂着民を打擲《ちょうちゃく》し、船に積んである衣類・米・用心銀などの諸物を奪い取った。また、船を壊して金物を取ったり、橋船（端船）を燃やして鉄物を取った。漂着民が着ている衣類は下帯まではぎ取られている。奪った物は参加者たちで分け合ったという。打擲・奪取行為に及んだのは、漂着民たちが衣類などを島人の望むままに渡さなかったからだとあるように、略奪をはじめからねらっていたというより、島人に迎え入れられるために客人としてなすべき贈答・交換をしなかったことが怒りをかった原因であろう。寛文の漂着の時もそうであったが、衣類に島人の欲求が向かっていたことは注目しておいてよい。

後で松前人が話してくれたのであろうか、同じ年三月に、津軽青森の者が乗り、木綿・繰綿類をだいぶ積んだ商船がエトロフ島に流れ着いたさい、かねてから荷物を奪い取られ殺害されるかもしれないと聞いていたので、本船を放棄し、橋船で逃げたという。漂着船を襲って船の諸色《しょしき》をみんなで分け合う慣行、そうした島人についての噂が北奥の船乗りたちには知られていたことになる。ただし、歴史的にみるならば、漂着船も寄物《よりもの》のひとつであって、それを得分・権利として奪取する慣行は古代・中世の日本社会には珍しいものではなかった（金指正三『近世海難救助制度の研究』）。

このトラブルのなかで一人が行方不明になってしまったが、その後残りの一四人は山を越えて西側の海の方に連れて行かれて空き家に入れられ、さらに一四、五軒あるコタンに移された。大隅船が島の東海岸に漂着したことになろうか。エトロフ島には数十日滞在したが、この間食べ物を与えてくれなかったので、魚を煮ている家に入り込んでは「乞食」して命をつないだという。はじめは魚のせんじ汁、あら汁の臭さに胸苦しかったが、慣れてくると魚の煮たのが風味よく覚えるようになった。それにともない、しだいに島の若者とも馴染み、「ざれ狂ひ」もしあうようになり、名前で呼び合うような信頼関係が生まれている。

この漂着地が「奥州松前領蝦夷島の奥夷ゑとろふ」という所だと、後に知ることになるが、そこで漂流民たちは、「判官殿」が蝦夷が島に渡って鬼を平らげたと書いている「草紙」の話は、「異形の者」たちを前にして、本当のことを述べているのではないかと、思ったというのである。源義経が平泉を落ち延びて蝦夷地に渡ったという蝦夷渡り伝説は、シャクシャインの戦いの鎮圧後に言い出され、通俗的な読み物などに取り上げられて急成長を遂げていくが（拙著『幕藩体制と蝦夷地』）、その物語の受容層のひろがりをみせつけてくれる。

島人の生活文化

寛文の松坂船の口書と比べてみると、はるかに島人の暮らしや風俗の記述が詳しく記されている。まず男の髪型についてだが、額のうえを「はんかう」（半髪）のように剃っているというのは、松坂船には見られない情報であるし、女性の髪型についての観察もあり、髪を自由に伸ばして後ろは首筋で切っているのは男とあまり変わらないが、前頭部は「日本のかむろ」のように眉のところで切りそろえていたという。男の髪型が五〇年間の間に北海道島のアイヌ風俗の影響を受けて変化したものか、あるいは松坂船の観察の見落としにすぎないのか判断に迷う。女性の風俗について、耳の金輪、白歯、唇・手の入れ墨などについても書き記している。白歯がわざわざ指摘されているのは、日本社会の成人女性がお歯黒をしているからだろう。

衣服は、男女ともに、大鳥の皮、狐の皮、ラッコの皮、アシカの皮、熊の皮を用い、皮をなめすことなく剝ぎ取ったまま袖を細く仕立てて着ているという。着衣を取られた漂着民たちは毛皮を与えられているが、着心地がしっくりしないものの身体に障《さわ》りなく、暖かいものだということを述べている。大鳥の皮という表現は羽根つきなのだろうか。食べ物は先にも出てきたように、魚類が主食で、百合《ゆり》の根も掘って食べる。住まいは土手の下などに穴を掘って住んでいるという。男女の分業については、男はもっぱら狩猟に従事するのみで「安楽」に暮らし、女は薪《たきぎ》取り、水汲みなど一切の働きをこなしていると観察されている。一夫多妻にも触れる。男優位社会に見えたようだ。

その他、金銀の通用がなく、漂着民から奪い取った銭は女たちの首にかけられていたこと、牛馬・猫は見えず犬が多く、子供の衣服はおおかた犬の皮であること、日本製の刀・鍔《つば》が入っていること、鑓《やり》・弓の他に鉄砲があること、病人が出たときには平癒するまで祈禱すること、人に逢ったときには手を合わせるのが礼儀であること、死者が出た家は焼き払い、他に移住すること、言葉のなかには「日本言葉」もまま混じっていること、など生活習慣にまで立ち入って、貴重な証言をしている。

これらの記述からすると、エトロフ島の人々もアイヌ文化の担い手であることは否定できないものの、前述のごとく北海道の大部分のアイヌとは違って、海獣猟を暮らしの中心にしていたところが特徴といってよいだろう。こうした見聞には取り違いも含まれていると疑っておくべきだが、一八世紀初期のエトロフ島の生活文化を伝える史料として、考古・民族資料との突き合わせによって、ますます利用価値が高まってくるに違いない。

松前に送られる

漂着民たちは松前に送り帰してくれるよう願っていたところ、六月末頃に、島の船に乗せて送ってやるということになり、一四人の者は「ふな尻」(クナシリ)に渡り、「後さふ」(ノサップ)を経て、一八日かかりアッケシに到着した。まだ松前藩の交易船がアッケシに着いていなかったので、漂流民たちはエトロフの島人と、船道具で小屋を掛けて一緒に長逗留した。アッケシにはエトロフ・クナシリ・ノサップ・メナシ・ケイタクなど、アッケシ以東の奥地のアイヌが松前との商いに寄り集まると書いてあるから、エトロフ島の人々もこの交易のついでに同船させたものであろう。前述のように、一七三〇年代には松前藩交易船はキイタップまで行くようになっているが、この時代にはアッケシまでであった。エトロフ島はこの漂流記が記すように、「蝦夷の内」とはいっても、「はなれ島」で松前よりの「仕置」も届かない地域であって、エトロフアイヌの側が自主的にアッケシに訪れて交易するだけの接触にとどまり、政治的なかかわりは希薄だった。

アッケシ逗留中、ラッコの皮の盗みをめぐって土地のアイヌ同士で紛争が生じ、その戦いの様子を漂着民たちはエトロフ島の人たちと一緒に見物している。一方に死者が出るまで戦いを繰り返す、あるいは劣勢の方が人質を出して仲直りするというのであるが、戦いの作法、いでたちが記されていて興味を引く。

松前船がアッケシに着いたのは八月二三日のことである。交易を取り仕切る「奉行」は今井半太夫という人物であった。薩摩の者である旨名乗り出、帰国を願い、二九日に松前船に乗り移った。その後、順風に乗り昼夜五日で下北半島の奥州大畑《おおはた》に着き、津軽三厩《みんまや》を経由して九月二〇日松前に着船した。寛文の松坂船の場合には浜づたいの航路であったが、このような直飆《じきばしり》でしかも下北・津軽を経由するルートが当時確立していたのだろうか。近世初期のメナシの人々の下北田名部《たなぶ》へのコースどりとも関係して興味深い。

松前城下では町奉行の取り調べを受けた。松前藩より路金の助成を受け、また町奉行差出しの薩摩藩船手役人宛の身元証明にあたる書付をもらい、一〇月一一日松前を便船に乗って出港した。町奉行は江戸でエトロフ島についてあれこれ問われるのを気にしていた様子で、大坂に向かうと答えたのであった。翌朝青森に着き、南部領を通って陸路江戸に向かい、一一月一四日江戸芝の薩摩藩屋敷に入った。以上の様子を記した『エトロフ島漂着記』（『日本庶民生活史料集成』四）は江戸薩摩藩邸での事情聴取によるものであろう。

境界の島

幕府の千島認識

林子平の千島・エトロフ認識

現在につながる「千島」という地理認識が漠然とした「蝦夷《えぞ》が千島」から抜け出し、クルミセ・ラッコ島に代わって確立してくるのは、さきに指摘した林子平《しへい》の『三国通覧図説』の説明にみられるように一七八〇年代のことであった。子平とほぼ同時期にあって、田沼意次《おきつぐ》政権の蝦夷地への関心を喚起した工藤平助『赤蝦夷風説考』(天明三年〈一七八三〉)は、時折漂流と称して松前の近辺に出現する「赤蝦夷」(「赤人」とも記す)の「本名」は「カムサスカ」、また「本国」は「ヲロシヤ」だと述べて、赤蝦夷の正体がロシア人であることを明確にし、蝦夷地の産物を手に入れてロシアと交易するならば国を富ますことができると論じた書として知られる。平助もまた、「蝦夷」と「カムサスカ」の間に「千島」という島々があるとしているのは、松前情報と蘭書知識との突きあわせによって、この時期に「千島」呼称が千島列島をさして確立しはじめたことをうかがわせる。さらにこの二書の影響も「千島」の定着には大きかったに違いない。

『三国通覧図説』（天明五年〈一七八五〉成稿、翌年刊行）には「蝦夷国全図」が収められている。この地図は、私たちが知っている北海道島の形状からはまだほど遠く、『正保日本図』などを引き延ばしたような格好をしている。当時の世界地図の知識を受け入れたのが、「カラフト島」を大陸とつながる半島とし、カラフト島とは別に「サカリイン」を島に描くなど、誤った地理情報を伝えることになった。千島列島についていえば、カムチャツカ半島と北海道島の間に千島の島々が配置され、エトロフ島がラッコ島より大きく、クナシリ島と同じかやや大きめくらいに描かれ、ノサップ・クナシリ・エトロフの船の道も点線で示されている。ラッコ島には近年オロシヤ人が多く居住すること、エトロフ島ではエゾ人とオロシヤ人が交易をはじめているといった情報も書き込まれている。

『三国通覧図説』本文にも同様の地理認識が記され、「千島」と称して三七島あり、クナシリ島とエトロフ島の二島が「蝦夷」と通じているとし、この三七島を過ぎて東に「加模

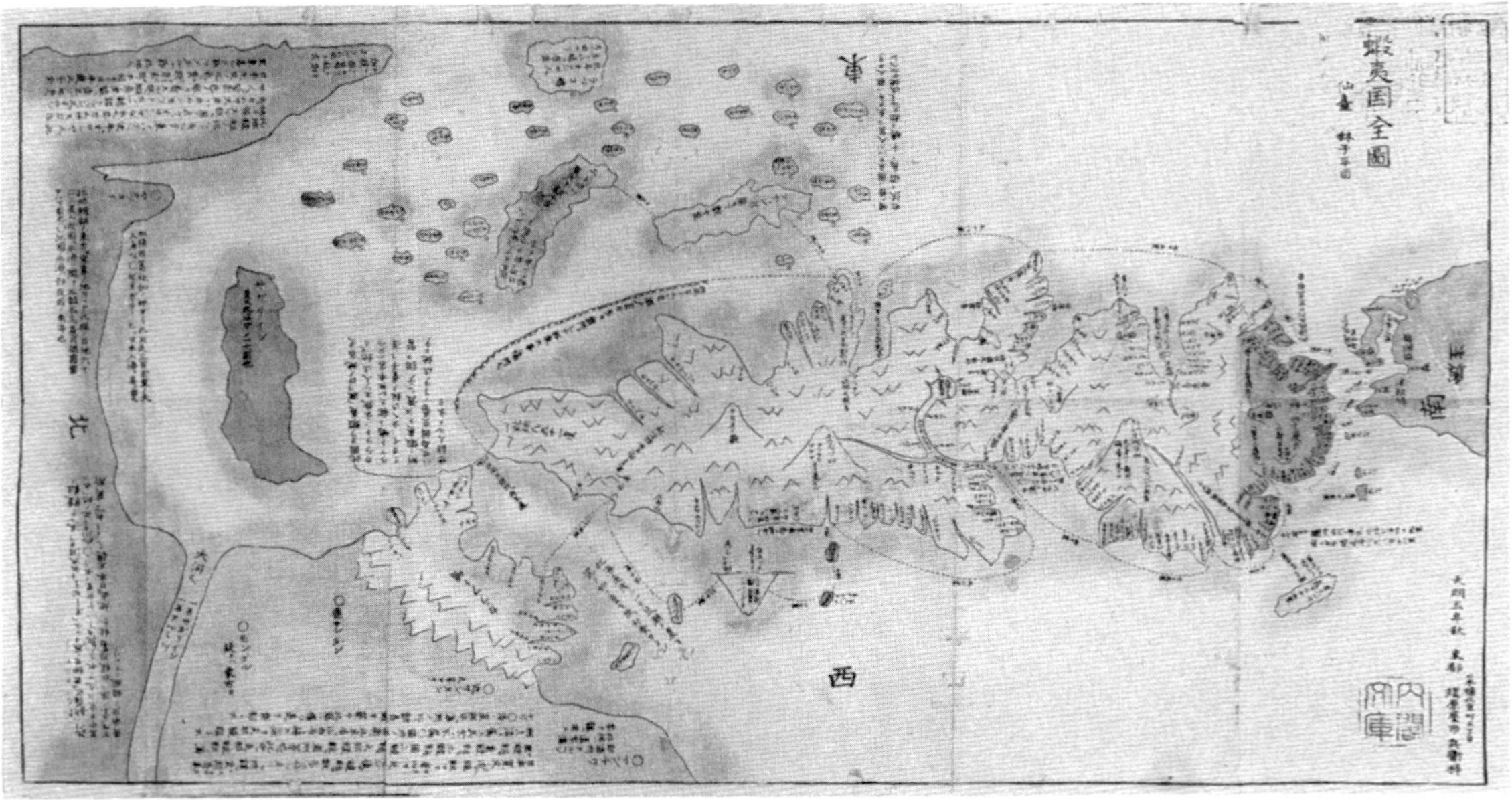

図 6　蝦夷国全図（国立公文書館内閣文庫蔵）

西葛杜加（カムサスカ）」があり、これが韃靼《だったん》（モンゴルをさすが、ここではひろくアジア北東地域）と地続きになっていると述べている。ラッコ島（一名クルミセ）はすでにオロシヤの手に入り、エトロフを呑み込もうとする「志意」があるか、というのが子平のロシア認識であった。従来の千島認識に比べて、カムチャツカ半島の登場や、エトロフ島の位置づけが明確化してきたのは、従来の地図表現にはない画期的なものであったが、千島三七島の配置が『正保日本図』などと大して変わらない群島様で、列島としては描かれていないなど、過渡期的な様相をみせていた。

天明八年（一七八八）、幕府の巡見使一行に随行して松前へ渡った地理学者古川古松軒《こしょうけん》は、『三国通覧図説』について、「林子平自国の地理を知らず、況《いわん》や遠き異国においておや」と、出所を示さない「虚説」「怪説」ぶりを手厳しく非難し、その地図や文章を信ずるべからず、とこきおろしていた。実証を重んずる古松軒自身の「蝦夷地図」（成田修一編『蝦夷地図抄』）も、松前藩が持っていた地図に少し修正を加えたとはいえ、従来の認識枠を超えていない。それはともかく、幕府が天明五、六年に蝦夷地調査隊を派遣して新たに得た知見からすれば、子平の「蝦夷国」図説は誤りに満ちたもので、幕府の弾圧がなくとも、早晩乗り越えられる運命にあったといえようか。

林子平のいう「三国」は日本を取り巻く「朝鮮」「琉球」「蝦夷」をさしている。蝦夷は朝鮮・琉球と横並びで理解されているのが特徴である。

蝦夷地は日本の内か外か

蝦夷地が日本の内か外かという点についてさえ、近世における領土観は必ずしも単純に割り切れるものではなかった。『正保日本図』など幕府が編纂した地図に描かれているから、幕府は蝦夷地を日本領土だと観念していたとの解釈もその限りで成り立つ。また、松前藩は前述してきたように、カラフトも千島も自藩の領地だと主張する傾向にあった。したがって江戸時代のはじめから蝦夷地は日本の内に位置づけられていたのだとの見解を、むげに否定することはできない。

しかし、それはきわめて抽象的・観念的な願望に属する領土観の表明であって、現実的感覚からすれば、異国・異域としての蝦夷地、その住民は体制外の「夷狄《いてき》」としての「蝦夷」存在であると、思っていることのほうがふつうであった。漂流民たちの感覚はもちろん、工藤平助も林子平もその例外ではない。鎖国制下のもとで、中世的な蝦夷が島が松前地＝日本地、蝦夷地＝夷狄の地に二分され、アイヌ民族の住む蝦夷地が日本地の外側にあって、「日本国」に従属する地域として位置づけられたことと密接に関係している。近世の蝦夷地は内でもあり外でもあったような、領土観念の幅を認めなければならないが、ア

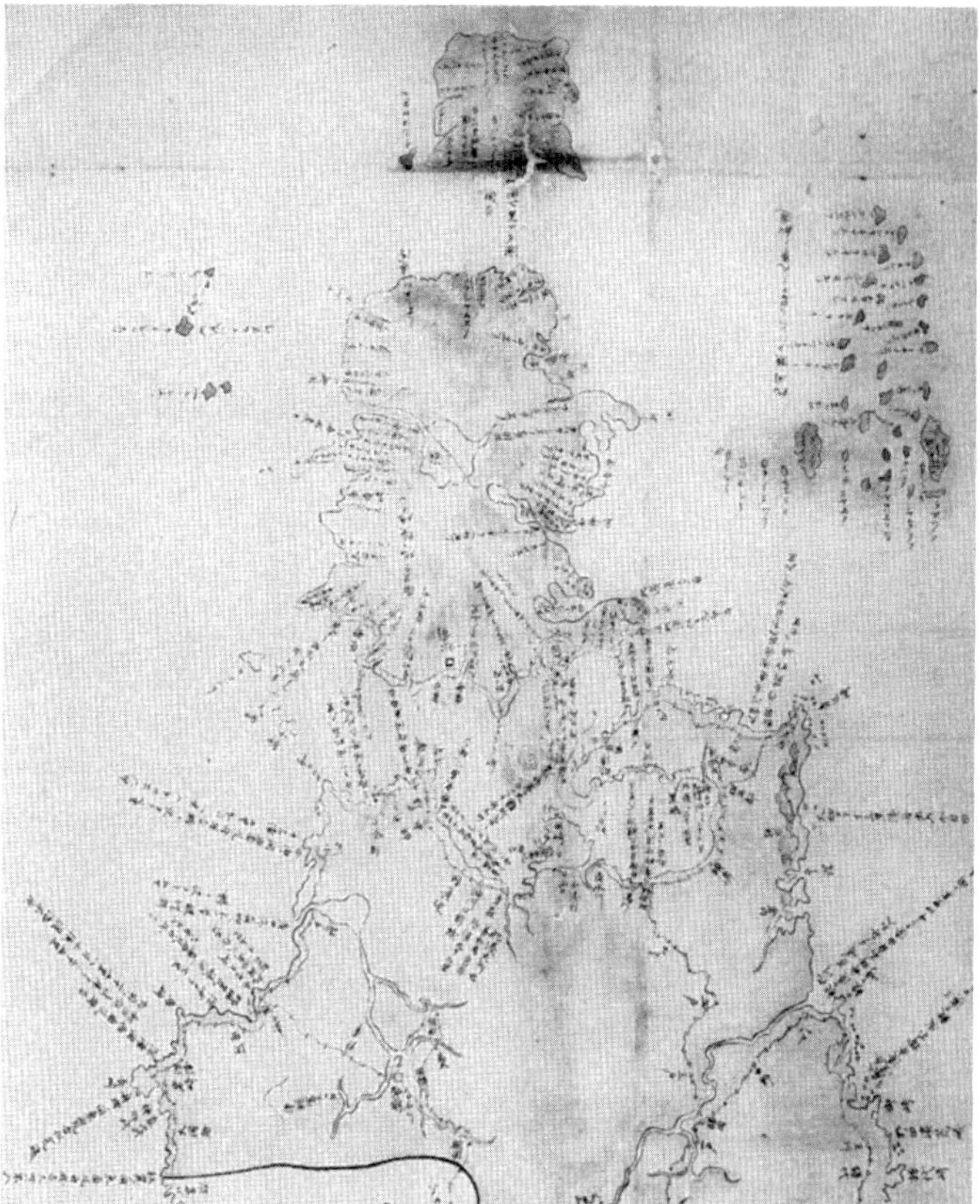

図7　正保日本図（国立歴史民俗博物館蔵）

イヌ交易を領主権のよりどころとする松前藩の意識は別にして、近世史の前半は外とする感覚がはるかに内とする感覚を上回っており、蝦夷地を積極的に内側に取り込もうという衝動が幕藩制国家には存在しなかったといってよい。

一八世紀の後半になり、蝦夷地のさらに北方に「赤蝦夷」（「赤人」とも記される）すなわちロシアの出現が危惧されるようになると、領土観に変化が大きく生じてくる。林子平は、松前地の北の限り熊石をもって日本風土の限りとみる、したがって蝦夷地を「外国」と立てる旧来的な「柔和正直ノ見識」とともに、蝦夷地の「極北」であるソウヤやシラヌシを日本風土の限りとして、蝦夷地を日本の「分内」にみる見方をも同時に示していた。蝦夷地を日本の外と意識しながらも日本の勢力下にあると考えてきたのであったから、新たな外国勢力の介入が気になりだすと、自分たちの権益のある地域だと主張しはじめるのは、国家意識というものであろう。林子平は、それまでの蝦夷地を「日本」の外側に位置づけてとらえる見方から、「日本」の内側に組み込んでとらえる見方への移行期、転換点にちょうど位置していて、その水先案内人的役割を担ったのであった。

天明五・六年の幕府蝦夷地調査

ロシア人は明和二年（一七六五）ごろからラッコ皮を求めてウルップ島に現れ、また安永七年（一七七八）にはキイタップ場所内ノッカマフ（ノッカマップ）に渡来して松前藩に交易を願い、翌年アッケシで拒絶されていた。松前藩が幕府に報告しなかったこともあり、こうした北辺の事情はしばらくの間封印されたままになっていた。しかし、「赤人」が蝦夷地にやってきて密貿易をしているとの噂が一部に流れていたし、明和八年（一七七一）にカムチャツカから脱走した捕虜「はんべんごろう」（ベニョフスキー）が日本寄港のおりに、ロシアの日本攻撃計画を記した手紙をオランダ商館長に宛てていったのが知れてくると、にわかに「赤人」への恐怖と関心がつよまった。工藤平助の『赤蝦夷風説考』はそのような危惧・疑問に答えようというものであった。

幕府が蝦夷地への関心・介入の意思をはっきり持ったのは老中田沼意次のときであった。工藤平助の『赤蝦夷風説考』が意次に呈上され、これに突き動かされて蝦夷地開発やロシア交易の是非を政策課題として取り上げることになったのだといわれている。その実施可能性を探るために派遣したのが、天明五、六年の普請役五名以下の蝦夷地調査隊であった。東蝦夷地・西蝦夷地方面の二手に分かれ、カラフトや千島へも足を延ばして見分すべきものとされていた。千島ではクナシリ島、エトロフ島、ウルップ島、さらにはその先の島々まで渡って実情を見てくるようにと指示を受けていた。

千島で積極的な行動を見せたのは「竿取《さおとり》」（検地・測量役）として一行に加わっていた最上徳内であったことはよく知られている。徳内は天明五年（一七八五）八月に普請役山口鉄五郎・青島俊蔵らとともにクナシリ島ヲトシルベ（トマリ）に渡海、下役大石逸平と組んでエトロフ島に先渡りしようとしたが果たせなかった。翌年四月、アッケシアイヌの案内・通訳によって単身クナシリ島からエトロフ島に渡り、五月エトロフ島北部のシャルシャヤム（シャルシャム、シベトロ）でロシア人イシュヨ（イジュヨ）ら三人と対面した。その後イシュヨほか一人を山口・青島のいるクナシリ島トマリに連れてきて両人に引き合わせ、自らはまたエトロフ島からウルップ島へ渡り、ロシア人のラッコ猟場などを見て回った。山口がウルップ島まで、青島がエトロフ島まで渡ったように、『蝦夷地一件』所収の幕府への報告書には書かれているが、それは配下の最上徳内の足取りであったとされる（皆川新作『最上徳内』、島谷良吉『最上徳内』）。

最上徳内とイシュヨ

この蝦夷地調査は松前藩内の知られざる蝦夷地の状況をあばき、幕府の北方認識に大きな影響を与えることになり、一〇〇万町歩新田開発という大風呂敷をひろげたような計画も立案されていく（ただし、田沼派失脚の政変により頓挫）。千島に限っていえば、従来の地理認識を一新し、現在にかなり近いものとなった。また、千島を南下してきたロシア人の動静がはっきりつかまえられるようになり、エトロフ島など南千島のアイヌたちの名前も記録に留められるようになった。いずれも最上徳内の果敢な行動力があってのことである。

図8　最上徳内

千島の地理・地図認識のいちばんの変化は、千島が群島としてではなく、列島として明確に知られるようになったことである。徳内の『蝦夷国風俗人情之沙汰』（寛政二年〈一七九〇〉）は、寛政元年のクナシリ・メナシのアイヌ蜂起の後にまとめられたものであるが、その千島の記述および付図はロシア人イシュヨとの対話によって得られた情報がもとになっている。

イシュヨはウルップ島でのロシア人同士の内紛があってエトロフ島に逃れたと述べていたようだが、前述したコズィレフスキーに続くロシア側の千島調査、一七三八年のシパンベルグの航海、一七六六〜六九年のコサック百人長チョールヌイの派遣などによって明らかになった列島の島名、順番を徳内あるいは山口・青島にもたらした。徳内は経緯度の測量知識に支えられながら、クナシリ島からカムチャツカに至るまで「二一島」の大島が島続きになっていると述べているし、徳内の上役の一人であった佐藤玄六郎が書いた『蝦夷拾遺』にはアイヌ語の島名とロシア語名（島名順番）が併記されている。

『蝦夷国風俗人情之沙汰』の付図、あるいは調査隊関係者の作成した地図はいずれも千島を列島状に描いて最先端の知識を提供しているのに対して、ほとんど同時代といってもよい林子平の群島状の千島はいかにも時代遅れのものになってしまった。こののち、現地調査や測量による地図の作製が日本でも本格化し、精度の高い日本地図、蝦夷地地図が生まれてくるが、わたしたちの知っている北海道島、カラフト島、千島列島の地図イメージは、この天明の調査隊の成果を嚆矢《こうし》とするといってよいだろう。

千島の日本属島観

徳内のこの著作はたんに千島列島の情報を精確にしたというだけのものではなかった。徳内の師にあたる本多利明の影響がたぶんにあるのは間違いないが、「千島」（東蝦夷）二一島はがんらい「大日本国の属島」であって、「日本の国内」「異国に非ず」といった政治的主張を何度も繰り返していたことに注意しておく必要がある。

当時、徳内も記すように、日本人はクナシリ島までは渡海しているものの、エトロフ島およびその先の島々には渡ったことがなかった。それにもかかわらず千島が日本の属島だというのは、「土人」（この場合は土地の人、住民の意）が「松前所在島」（松前藩がある北海道島）へ土地の産物である「土産」を運送して「日本土産」と交易し、日本の助けを得て成り立ってきたからであると述べる。「カムサスカ」は干鮭（からざけ）が転音したものという考えは荒唐無稽であるが、昔は日本へ干鮭を運送・交易していたのでカムチャツカも日本の属島だと、ずいぶんこじつけがましい解釈を行っていた。

また、交易関係だけではなく、東蝦夷諸島（千島）は地理的に見て「日本国地勢」に近い島だから松前所在島の属島だという理解、その島々の「土人」は「日本人の種類」だという理解も示していた。日本人（倭人・和人）・アイヌ同祖論の先駆けの論であった。これらを主張の根拠とする千島属島論はその後の歴史のなかでたびたび持ち出されてくることになる。

このような千島属島観に立つと、ロシアが二一島の島名を改め、自国の領土だとして島人に租税（獣皮の上納）を課し、シモシリ島（シムシル島）以北がロシアの領地になっているような状態、あるいは往古より長崎貿易品であったラッコがロシアの土産として「中華北京口」で交易されるなど、千島土産が日本に入らずロシアに回っていく状態は当然ゆゆしきことであった。そこで、ロシアの手があまり及んでいないクナシリ・エトロフ・ウルップの三島だけでも開発して、日本の属島につなぎとめるのが急務だという主張になっていく。それはやがて曲折を経ながらもエトロフ「開島」というかたちで実現することになる。

エトロフ島の乙名マウテカアイノ

徳内のエトロフ・ウルップ両島単独行といっても、文字通り単独で渡海できたのではない。アイヌの人たちの同行・協力がなければ不可能なことであった。徳内をエトロフ島へ連れていったのはアッケシの乙名《おとな》（首長。地域の有力者に与えられた役名）イコトイである。また、徳内はアイヌ語が話せなかったので日本の言葉ができるアッケシのブリウエンを雇って行動を共にさせている。ブリウエンが文字を学びたいと願ったので、片仮名を教えたという。イコトイの「手船」に乗って出帆といっても、イコトイが率いる出猟船に相乗りさせてもらったと理解するほうが実情にあっていいようか。クナシリ島で「氷海」(流氷)に阻まれしばらく滞在を余儀なくされたさい、イコトイらは氷上をつたってアシカ、アザラシ猟に明け暮れていた。彼らの本来の目的はウルップ島でのラッコ猟であったのであろう。

エトロフ島のアイヌの名前も『蝦夷国風俗人情之沙汰』のなかに文献上はじめて登場してくる。とくに、シャルシャム(シベトロ)の乙名マウテカアイノ(マウデカアイノ)という人物が注目される。彼は島中でも「名高き大身」で知略に富み、島人の尊敬を集めていたと記され、アッケシのイコトイが婿であったという。二人の久しぶりの「対面の礼」を徳内が詳しく書いている。そして徳内にイシュヨら三人のロシア人を引き合わせたのは、イコトイからの知らせをあらかじめ受けていたマウテカアイノであったとみてよいだろう。

マウテカアイノの所にはロシア人が安永年間よりたびたび渡来して滞留し、卒塔婆のごとき「切支丹宗の祖師」を磔《はりつけ》にしたかたちの柱がその庭前に建てられていた。イバヌシカというアイヌはロシア語をよく習って通詞をし、ホヲナンセというロシア名も与えられていた。ウルップ島への渡海の拠点であるシャルシャム(シベトロ)は、中部・北部千島の

図9　最上徳内が出会ったロシア人イシュヨ（『辺要分界図考』国立公文書館内閣文庫蔵）

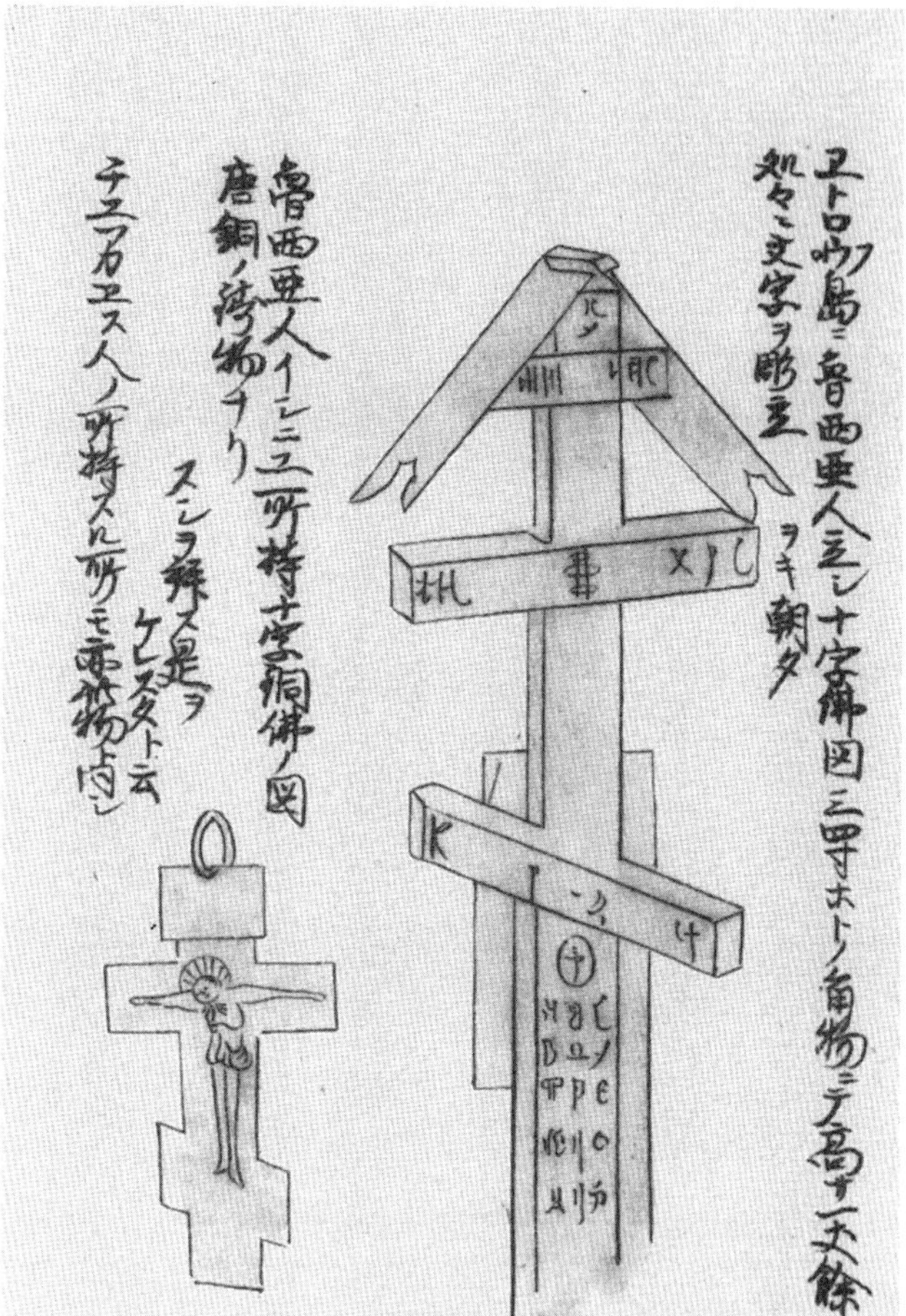

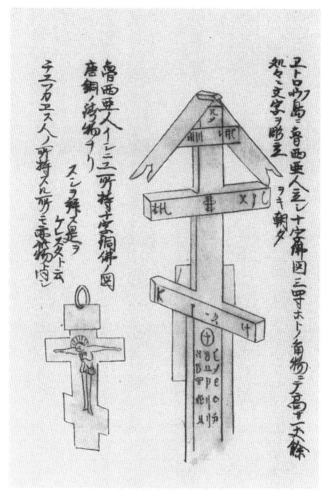

図10　エトロフ島の十字仏（『辺要分界図考』国立公文書館内閣文庫蔵）

アイヌ、およびロシア人との接触の場であり、マウテカアイノがそこに勢力を張っていたことになろう。

三ヵ国人の交流

イコトイもイシュヨとかねてからの知り合いであったので時宜の挨拶を交わしている。イコトイの行動範囲の広さがうかがえる。『蝦夷拾遺』によると、その祖先が猟業のため「カムサツケ」（カムチャツカ）まで行き、多くの獣魚の干し肉を持ち帰ったのでその地を肉干＝カムサツケと名づけたもので、がんらいエトロフ島はイコトイの「配下」なのだという。徳内はこのイコトイにロシア人への通詞を頼んでいるが、「赤人」「蝦夷人」「日本人」の三ヵ国の人が、それぞれの歌や踊りを披露し、言語は通ぜずとも懇《ねんご》ろに親しんだと記したのは、このシャルシャムでのことであった。

ポンモイの乙名ルリシビも名の知られるエトロフ島人である。三人のロシア人のうちイシュヨのみがその後もエトロフ島に残るが、その滞在先がルリシビ宅であった。また、エトロフ島の乙名ハツパアイノという者が、ウルップ島で猟業中にロシアの漂着船を発見し、その船中の積み荷物などを奪い取り、船を焼き払った。しかし、エトロフ島に帰る途中船が転覆して仲間一〇〇人余が溺死したという。さらに、前述した宝暦六年のエトロフ漂着船の古碇を徳内が見たのは、モヨロの乙名クテンルの漁猟場であった。

このように、天明の調査隊によって南千島の状況がかなり明らかになった。ウルップ島のラッコ猟の担い手はエトロフ島・クナシリ島・アッケシのアイヌたちであって、ウルップ島には彼らの仮の住まいがあるだけであった。ウルップ島を本拠とするアイヌは当時いなかったことになる。イコトイとマウテカアイノの関係が示すように、アッケシアイヌとエトロフアイヌの通婚が確認される。道東・南千島のアイヌたちが、ウルップ島でのラッコ猟を含めて海獣猟を軸としたひとつの地域空間を形成していたからこそ、徳内がエトロフ島・ウルップ島に渡れたのだということを忘れてはなるまい。調査隊の関心は主要には「赤人」＝ロシア人に向けられているが、アイヌの行動世界もまた映し出しているのである。

クナシリ・メナシ騒動

寛政元年のアイヌ蜂起

田沼派失脚の政変劇により老中松平定信が実権を握った幕閣は、田沼派が推進していた蝦夷地開発計画を白紙に戻した。天明の幕府蝦夷地調査も当然打ち切られた。重商主義的な田沼政治との違いをはっきりさせた蝦夷地対策をどう打ち立てていくか検討をはじめていた矢先、蝦夷地から幕府を驚かす事件が飛び込んできた。幕府が「蝦夷騒動」あるいは「蝦夷騒擾《そうじょう》」と呼んだ、寛政元年（一七八九）五月に飛驒屋久兵衛請負場所のクナシリ島およびキイタップ場所内メナシ地方で起きたアイヌの蜂起である。

蜂起の経過をかいつまんで紹介しておくと、クナシリ島ではトマリ（運上屋所在地）・フルカマフなどで二二人、メナシ地方ではシベツ・チウルイなどで四九人、合わせて七一人が襲われ殺されている。松前藩の上乗役の足軽一人を除けば、すべて飛騨屋の関係者で、現地の運上屋や番屋に雇われて働く支配人・通詞・番人と、飛騨屋手船大通丸の乗組員たちであった。

松前藩はキイタップ場所のノッカマフ（ノッカマップ）に鎮圧隊を派遣し、アッケシの乙名イコトイ、ノッカマフの乙名ションコ、クナシリの乙名ツキノエ（ツキノイ）といった、道東アイヌの有力者を味方につけ、彼らの説得工作によって武装解除し、投降させる手段を採った。これが松前藩にとってはうまく事が運び、戦闘を交えることなく三〇〇人余のアイヌがノッカマフに出頭してきた。ところが、藩はマメキリら戦いの中心となった人々、および殺害に直接かかわったとされる者たち、合わせて三七人を死罪とし現地で処刑してしまった。藩に協力した有力アイヌたちの心中はどのようなものであったろうか。松前藩に対する騙されたという怒り、同胞から受ける視線、自らの息子セツハヤフ（セッパヤ）を殺された父ツキノエの苦渋など、まったく気に留めないかのような冷酷な権力意思の発露であった（根室シンポジウム実行委員会編『三十七本のイナウ』）。

蜂起の原因と背景

事件を引き起こす原因をつくったのは飛騨屋の場所経営であった。

飛騨屋がキイタップ・クナシリ場所を請け負ったのは安永三年（一七七四）のことである。松前藩が飛騨屋に多額の借金を抱え込んで返済不能に陥り、それまで藩（藩主）の直商場《じきあきないば》であった両場所などを借金引き当てとして場所請負を認めたものであった。飛騨屋（武川久兵衛）はもともと飛騨国の下呂《げろ》に本拠をおく木材商人で、盛岡領下北の大畑《おおはた》から松前に進出し、松前・蝦夷地の材木伐採権を手に入れ財をなした。借金の回収を急ぎたい飛騨屋はその当時の〆粕《しめかす》の肥料需要に目をつけ、アイヌ交易にとどまらず、アイヌの人々を雇って鮭《さけ》・鱒《ます》の〆粕生産に乗り出した。その手先となったのが飛騨屋の松前進出の足場となった下北地方からの出稼ぎ者たちであった。脅しや暴力をともなう、ただ働き同然の雇労働や、アイヌ社会の慣習をないがしろにする破廉恥行為にがまんできなくなったアイヌたちが、若者を中心に蜂起を決意するにいたったものである。

クナシリ・メナシのアイヌが忍従ではなく蜂起の道を選んだのは、彼らの自立的な気風が大いに関与している。松前藩の交易船が派遣される商場の最前線がアッケシからキイタップへ延びたのが元禄年中（一六八八～一七〇四、じっさいは前述のようにもう少し遅れるか）、さらにクナシリ島に延びたのが宝暦四年（一七五四）のことといわれている（『休明光記付録一件物』)。松前藩の命令に容易には従わない道東アイヌの剛強ぶりが伝えられ(坂倉源次郎『北海随筆』)、交易が成り立たないこともしばしばであったようである。アイヌ集団間の争いもみられ、実情はよくわからないが、キイタップ場所ノシャップ(ノサップ)の乙名シクフらが集団でオホーツク海沿岸の宗谷アイヌを襲うという、宝暦八年(一七五八)の事件があった。道東アイヌではないものの、前述した明和八年のウルップ島でのロシア人襲撃も含めて考えてよいだろう。

飛騨屋がクナシリ場所を請け負ってからも、ツキノエらの妨害を受けて天明元年(一七八一)まで八年間まったく交易ができない状態であった。そうしたアイヌたちの戦闘をいとわない剛強さの背景には、まだ松前藩の支配力の縁辺部にあって、ラッコ皮・鷲羽《わしのは》という有利な交易品を豊富に持っていたからである。弓・鑓《やり》による海獣猟を生業にしてきたこともいくぶん勇猛さに関係していよう。

このように自立性をつよく持っていた彼らが、なぜ「自分稼ぎ」の交易主体の立場から飛騨屋の雇いに引き込まれるようになってしまったのだろうか。ここがポイントのように思われるが、〆粕労働に従事すれば雇代がたくさんもらえるとか、〆粕の副産物である魚油の何割かを支給するという誘いの甘言があったのは確かだろう。ウルップ島まで渡海してラッコ猟をしなくても、住まいの近くで鮭・鱒を獲り、〆粕生産に従事することで生活が成り立つならばと、アイヌの側も考えたに違いない。しかし、そうした事前の約束が破られ、加えてクナシリ乙名サンキチの死について酒に毒を盛った噂がたち、番人たちによる宝物（イコロ）詐取、強姦行為が頻発するに及んで、もはや関係修復不可能と判断され、いわば復讐行為としての武力蜂起にいたったものとみることができよう。

蜂起とエトロフ島

クナシリ・メナシの蜂起にエトロフ島のアイヌたちが参加することはなかった。エトロフアイヌがクナシリやキイタップに交易にやって来ることはあっても、飛驒屋の請負場所の外側に位置していたから、まだ直接の利害対立を引き起こすにはいたっていなかった。とはいっても、この事件がエトロフ島とはまったく無関係だったというわけではない。

クナシリ島のアイヌが蜂起したとき、有力アイヌのツキノエは早春からクナシリ島を留守にしていた。「軽物出精」のため例年通りエトロフへ「商売」に出かけていた（『寛政蝦夷乱取調日記』）、あるいはエトロフ島からウルップ島（ラッコ島）に渡って「漁業」をしていたといわれているから（『蝦夷地一件』）、エトロフアイヌと交易をしつつ、ウルップ島に出猟してラッコを捕獲していたものと思われる。

ツキノエ不在中に蜂起したのは、ツキノエがいれば蜂起に反対されたからだと推定されているが、クナシリ島で蜂起の中心になったのがサンキチの弟マメキリの集団であったとすると、〆粕雇よりラッコ猟を重んずるツキノエはやや局外に身を置いていたのだとも考えられる。エトロフ島で蜂起の知らせを聞いたツキノエが徹底抗戦ではなく、松前藩の命にしたがったのは、飛驒屋に対する憤り以上に、商人の場所請負下でも松前藩に買い上げられるラッコ交易の継続を優先させたためであるのかもしれない。

ツキノエと同様に松前藩に協力したアッケシのイコトイもやはり、蜂起時エトロフ島に滞在していた。クナシリ島で殺害されずに運よく助かった番人たちのうち、伝七・吉兵衛の場合にはイコトイの力が大きく働いた。二人はアッケシの運上屋からイコトイの一行とともにクナシリ島に派遣されてきたもので、イコトイらがエトロフ島でのラッコ猟を終えてクナシリ島に戻ってきたならば鱒漁を開始する予定であった。

二人も捕まって殺害されそうになったが、クナシリに残っていたアッケシアイヌの仲立ちでエトロフ島にいたイコトイのもとへ行くことを許され、イコトイの支援によってアッケシに無事帰ることができた。マメキリら蜂起アイヌにとってイコトイは剛強さにおいて一目おかれた存在であったことと、二人がイコトイの信頼をそれなりに得ていたことが助かった理由であろう。同じ飛騨屋請負場所の鮭漁の雇でも、アッケシとクナシリとではだいぶ待遇が違っていたのであろう。

蜂起鎮圧のもう一人の貢献者であったノッカマフのションコは当時自村にいたようであるが、ションコもエトロフ島やウルップ島にでかけ、交易やラッコ猟に従事していたアイヌであったことが知られている。松前藩に協力していた有力アイヌが、いずれもエトロフ・ウルップ両島への出猟を主なりわいにしていたことが共通点として浮かび上がる。ラッコ猟の自分稼ぎが松前藩との交易を前提に成り立つものであった以上、自分稼ぎが阻害されないかぎり、マメキリらの〆粕労働への不満・反発に同情して共同戦線を張ることは難しかったというべきかもしれない。当然クナシリ島などと交流のあったエトロフアイヌの動きがこの蜂起でまったく知られないのは、ラッコ皮・鷲羽交易とは無関係なところに蜂起原因があったことを示している。

松平定信の対応と御救交易

幕府はこの蜂起を松前藩のたんなる内政問題とは受け止めなかった。幕府の勘定奉行が老中松平定信の指揮を受けて事件関係者からの事情聴取にあたり、その文書類が『蝦夷地一件』に収められている。それによると、幕府がもっとも恐れていたのはアイヌ蜂起の背後にロシア人がいて操っているのではないか、ということであった。密偵の派遣などによってそれは杞憂《きゆう》にすぎないことがわかったが、なんらかの措置が採られるべきだという幕閣の認識であった。

ただし、蝦夷地の扱いをめぐって、ただちに幕府の直轄にして開発を進めようという意見と、従来通り松前藩に任せて防備策を補強すべしという意見とが鋭く対立し、後者をつよく主張する定信の意見に押し切られるかたちでひとまず決着をみている。定信はむやみに蝦夷地を開発するとロシアが触手を出しかねないので、不毛の地のまま緩衝地帯にしておいたほうが得策と考えていた。そうした基本方針に立って、幕府は松前藩に対してアッケシ・ソウヤへの勤番士派遣、東西蝦夷地場末での直交易など自主的な「蝦夷地改正」を約束させたほかに、幕府自身も青森あたりに北国郡代を設置する構想を押し進めたり、幕府役人を派遣しての「御救《おすくい》交易」を実施している。ただし、北国郡代はもう少しで実現するところまでこぎつけたが、定信の老中辞任で立ち消えとなった（拙著『幕藩体制と蝦夷地』）。

御救交易というのは、寛政三年（一七九一）から翌年にかけて、普請役に取り立てた最上徳内らの一行を蝦夷地に派遣して、「御仁恵」を与える趣旨で交易をただしく行い、アイヌの信服を得ようとするものであった。最上徳内は、寛政三年四月エトロフ島に二度目の渡海を果たしている。イシュヨがその後もエトロフ島に滞在しているとの情報を得ていたので、イシュヨとの再会を願ってシャルシャム（シベトロ）に向かったが一足遅く、イシュヨが急ぐように立ち去ったあとであった。徳内はさらにウルップ島に渡り、ロシア人の住居跡に残る十字柱などを見て歩いた。エトロフアイヌが所持するマリア像を写して帰ってきたのもこのときである。徳内はこのエトロフ・ウルップ行で、明年ロシア人が日本人の漂流民を連れて渡来するという噂を耳にしたことを『蝦夷草紙』後篇に記しているが、これが寛政四年（一七九二）、ネモロ（根室）に来航したラックスマンの一行であった。

松前藩も寛政四年に「東蝦夷地異国境」の状況をつかむために、藩士工藤庄右衛門を派遣している。工藤は三月に松前を出発、クナシリ、エトロフを経て、ウルップ島に着いたのは六月中旬であった。さらに以遠の島々へ、今年はチリホイ島まではぜひ行きたい気持ちで日和待ちしていたが、二五、二六両日の雪が降る大荒れの天候に加えて、案内のアイヌが船着き場が悪いなどとして不承知であったので、断念し引き返している。九月二二日、ネモロに戻ってきたところで、ラックスマン、大黒屋光太夫らと対面することになる（『通航一覧』）。この探検の詳しい記録は残っていないようだが、近世アイヌ語資料として知られる『藻汐草《もしおぐさ》』の著者、上原熊次郎が通詞として工藤に同行していた（皆川新作『最

図11　イコトイ（『御味方蝦夷之図』市立函館図書館蔵）

上徳内』)。

蜂起後のイコトイの行動

クナシリ・メナシの戦いのあと、ラッコ皮・鷲羽などの「軽物」生産・交易をネットワークの基本とした道東・南千島のアイヌ社会のなかで、同胞との軋轢《あつれき》を生みながら勢力を伸長させたのがアッケシの惣乙名《そうおとな》イコトイである。

蜂起鎮圧にあたって松前藩に協力したイコトイは、蠣崎《かきざき》波響《はきょう》が描いた『夷《い》酋《しゅう》列像』のなかにその風貌をとどめている。衣装は常の衣服ではないが、蝦夷錦《えぞにしき》を着て、その上に赤のガウン様のものをはおり、左手に鑓《やり》を持ち、立派な髭《ひげ》をたくわえた勇猛な立ち姿は、その当時三〇歳くらいの積極果敢な雰囲気を漂わせている。

しかし、近藤重蔵が寛政一〇年(一七九八)に書いたイコトイについての風聞によれば、「アツケシ悪党蝦夷」と表現され、「狡黠《こうかつ》暴戻《ぼうれい》の者」「生質残忍暴悪」などとすこぶる評判が悪い(『近藤重蔵蝦夷地関係史料』一)。以下、近藤の記録によってみると、イコトイはアッケシの惣乙名カモイボンデンとヲチケニイ(ヲッケニ、バッコ・パッコともいう、のちクナシリ惣乙名ツキノエ「妾」となる)との間に生まれ、父の跡を継ぎ若年より松前藩の惣乙名役を勤めてきた。「妻妾」一八〜一九人、「ウタレ」(家来・召仕)三〇〜四〇人ほどを身内、配下に抱えていた。これらの人員を引き連れて、蝦夷船四艘に乗り組み、エトロフ島・ウルップ島で「軽物」を得るために出猟していたのである。

イコトイの「妻妾」の出身地は前述のエトロフ島シャルシャム（シベトロ）のほか、アッケシからエトロフ島にかけての各地にまたがり、婚姻関係からも勢力の拡大をみることができる。数十人の「妻妾家来」を持つという狩猟団体は、道東・南千島のアイヌ社会のなかでも突出した規模のものである。イコトイの先祖は「カムサスカ」（カムチャッカ）まで行ったことがあり、ホロモシリ島にイコトイの親族があるともいわれているが、その真偽は別にしても、その行動範囲のひろさに驚かされる。

イコトイの側から相手に落ち度があるとして言いがかりをつけて、「宝物」を「償」（ツクナイ）として差し出させ、「償」を出す能力がなければその身を「家来・召仕」にする、といったやりかたで集団の規模を大きくしたといわれる。相手側が従わなければ殺害もいとわなかったという。アッケシのクランベテも殺された一人だが、クランベテ側が戦をしかけようとしても対抗しかね、結局「償」を出し引き下がらねばならなかった。アッケシ・クナシリ・エトロフおよび近辺の人たちでイコトイに出会って「償」を取られなかった者はおらず、アッケシのある村などはイコトイのウタレにされ、一村退転の状態であったというのである。

寛政七、八年ごろのことかと思われるが、アッケシを集団ともども離れウルップ島に渡り越年する。そこでアッケシから連れていったウタレは極寒のなか食料不足に陥り、おおかた餓死させてしまった。食料を「愛妾」などごく身内で独占したためだという。その後はアッケシに帰らず、エトロフ島に滞在した。同島の惣乙名のようにふるまい、いろいろ「償」沙汰を起こした。島の人々が稼いだラッコ・鷲羽を取り上げたり、食料・「宝」を奪い取ったり、ウタレ化を強い、気に入らなければ折檻《せっかん》して死なすこともした。

エトロフ島の有力なアイヌであったイトミアイノ・サケロクなどもイコトイの「股肱《ここう》」になり、過半がイコトイの「家来」になったと書かれるように、その「暴悪」ぶりはエトロフ島にとどろいた。母バッコもアッケシからエトロフ・ウルップに渡海していたが、母の「異見」も聞き入れなかった。寛政九年（一七九七）には、イコトイはバッコが貸した船をめぐってコショシアイノと争論を引き起こす。「償」がこじれ、コショシアイノ側はチャシ（城）を構えて「揉合《もみあい》」（小競り合い）に及んだ。翌年、クナシリ島の惣乙名イコリカヤニ（ツキノエの子）がエトロフ島に渡海したさい、両者の仲介に入り和解が成立している。

道東・南千島の自立の可能性

事実を正確に伝えているか疑っておくとしても、イコトイのこうした「悪党」行為はどのように評価したらよいのであろうか。「悪党」と評されるには、イコトイとの紛争に巻き込まれた人々の怨嗟《えんさ》の声があったことは確かであろう。それだけにとどまらず、ウルップ島に渡ったさいロシア人と接触し、ロシア国王に進物としてラッコ皮二枚を差し出し、またエトロフアイヌが捕獲したラッコ皮もイコトイが取り上げ、半分は松前藩へ、半分はロシア人に売り渡していたといわれるように、ロシア人との交易に積極的に関与する動きを示していた。これが近藤重蔵など幕府側からみれば、放置しておけない「悪党」行為であったことはいうまでもない。

こうした「悪党」観はことさらにその暴悪ぶりを強調しているともいえるが、客観的にみて、一八世紀末の日本とロシアの間にあって、その中継者・仲介者として道東・南千島アイヌの自立の可能性を秘めたイコトイの行動であった、と評価するのは言い過ぎであろうか。とはいってもそれが成り立つためにはきわめてハードルが高かったことも否めない。惣乙名といっても、アッケシのなかで集団の勢力が他の乙名より相対的優位に立っているというだけで、地域社会を統合する支配者をイメージすることはできない。

そのなかで、イコトイが道東・南千島社会において、他集団とのあいだに争論をつくりだし、相手を屈服させてウタレ化を進めたり、あるいは従属的に同盟する集団を増やしていく動きは、それまでのイコトイの社会的地位を超えて、数ある同様の集団のなかで、イコトイを広域社会の中心に押し上げ、その政治的結集につながっていく可能性を充分に持っていたといえる。ただ、イコトイが道東・南千島の人々を民族的に糾合しうる人望・資質をもっていたかといえば、政治的統合には冷酷無惨さがつきまとうにしても、それはどうだろうか。そして何よりも、幕府による蝦夷地直轄によって幕府権力が南千島に直接介入してくる事態のなかでは、芽を摘まれるのは明らかであった。イコトイは寛政一二年(一八〇〇)にアッケシに戻り、その暴悪ぶりが伝えられなくなったのは、イコトイの望みないし夢が絶たれたことを意味していよう。

大日本恵登呂府

老中松平定信《さだのぶ》の辞職後、北国郡代構想が立ち消えになるなど、蝦夷地をめぐる対策は振り出しに戻った。定信の路線がどちらかというと旧守的な松前委任論であり、蝦夷地直轄＝開発でなかったことが、反対意見のくすぶりのなかで推進のエネルギーを失速させたといえよう。

イギリス船のアブタ・エトモ来航

寛政八年（一七九六）八月、ブロートン指揮のイギリス測量船プロビデンス号が東蝦夷地のアブタ（虻田）沖に現れ停泊した。松前藩の工藤平右衛門・加藤肩吾《けんご》が船内を訪れ、海図情報の交換をしたことが知られている。異国船渡来の報を受けた幕府は、老中太田資愛《すけよし》（まもなく戸田氏教《うじのり》に交代）を筆頭とする松前御用掛《ごようがかり》を命じ、また蝦夷地見分のため勘定金子助三郎等を派遣している。これはたんに異国船渡来の調査にとどまるものではなく、ロシア人と内通しているなどと、何かと噂の絶えない隠居松前道広の動静を探るというねらいがあった。

翌九年七月にもブロートンはスクーナー船でエトモに来航し、その後箱館沖・松前沖に現れ、松前の城下は騒然となった。幕府は弘前藩および盛岡藩に対して交代で松前詰を命じ、弘前藩はこの年の一一月に城下を出発し、翌一〇年一月海峡を渡り松前に到着している。

イギリス船の来航が幕府の蝦夷地介入の新たなきっかけとなったが、幕府が蝦夷地直轄に向けての意思を明確にしてくるのは寛政一〇年になってからである。同年三月、目付渡辺胤《つづく》・使番大河内政寿《おおこうちまさこと》・勘定吟味役三橋成方《みつはしなりみち》・勘定組頭松山直義《なおよし》以下が蝦夷地見分を命じられた。異国船渡来への備えという表向きの理由の他に、番所の設置場所、松前藩の財政、新開可能地などの調査を任務とし、蝦夷地直轄を射程に入れた派遣であった。

近藤重蔵隊のエトロフ島調査

この蝦夷地調査隊派遣でエトロフ島のその後の運命を左右することになったのは、大河内政寿配下にあって、別働隊としてクナシリ島からエトロフ島に渡った支配勘定近藤重蔵《じゅうぞう》らの一行である。前年、重蔵は松前・蝦夷地の処置および異国境取り締まりについて建言を幕閣に対して行っている（『近藤重蔵蝦夷地関係史料』一）。それは、松前藩を所替《ところがえ》し蝦夷地をすべて幕府直轄地にするのが上策であること、しかし、それに支障があり、松前地に近い「口蝦夷」を松前藩から召し上げるのが難しければ、松前藩の自力が及ばない「奥蝦夷」の地、具体的には東はエトロフ・ウルップ島、西は唐太島から取りかかって「開業」すべきであるという提言であった。千島・唐太の「蝦夷の属島」に「赤人」「山丹人《サンタン》」が入り込んでくるなどということは、近藤の国家意識が許すところではなく、松前藩の手が届かない境界領域は幕府が直接世話・処置すべしという考えにもとづいている。

図12　近　藤　重　蔵

重蔵の建言が幕閣を突き動かし、エトロフ島の開業が実現可能であるか現地調査させてみようということになって、寛政一〇年（一七九八）の派遣に至ったものである。重蔵はこのとき二八歳、同行者として最上徳内、長島新左衛門、村上島之允（秦檍丸）、木村謙次（下野源助）

がおり、いずれも重蔵より年長者であった。徳内は遅れて出発したがクナシリ島で追いつき、彼自身では、寛政三年（一七九一）の御救交易以来の三度目のエトロフ島渡海となった。知識エリートたる重蔵の人格がわざわいして、一行の仲はしっくりせず、長島および村上はエトロフ島には渡らなかった。近藤・最上が結託して「功利栄進」をもっぱらにし、「国家の忠」とはいえないと、木村謙次が『蝦夷日記』に記す批判は手厳しい。

大日本恵登呂府

近藤隊の詳しい行動は木村の『蝦夷日記』から知られる。それによれば、三艘の蝦夷船に分乗してエトロフ島南端ベレタルベ（ベルタルべ）に渡ったのが七月二七日、船を漕いでタンネモイに至り上陸、リコップという石の下に丸小屋を掛けて宿泊した。翌二八日、「大日本恵登呂府　寛政十年戊午七月」と木村謙次が書いた標柱をリコップに立て、その二日後の八月一日にはクナシリ島に戻っている。短時日の滞在しか許されないきびしい日程であったが、エトロフ島の「開業」を企てる重蔵にとって、ロシア境を実感するためにエトロフ島に渡ったという事実こそが必要であったのであろう。

リコップの標柱には近藤重蔵、最上徳内、下野源助の名前の他に、一緒に渡った善助、金平、孝助、唐助、勇助、阿部助、第助（弟助）、勘助、只助、太郎助、武助、藤助の一二名の名前が記されている。孝助（コタンシュ）、第助（イキタレ）、勘助（カンルマト）、太郎助（イロンシス）、武助（ブリウエン）、藤助（シタラヌシキ）の六人は、アッケシでクナシリ島・エトロフ島への「案内船手」として雇われたアイヌの人たちで、近藤が日本名をつけ、綿入れ・法被《はっぴ》などを渡し着させている。また、唐助はクナシリ島の惣乙名であったツキノエの三子イトカラアイノ（当時の惣乙名イコリカヤニの兄）、勇助はツキノエ弟ウテクン（ウテクンテ）の子トヘヌベシ、阿部助はツキノエ四子アヘヌヤシで、いずれもツキノエの近親者である。近藤らとともにクナシリ島からエトロフ島に渡った。彼らの他にも一緒にエトロフ島に渡ったアイヌは二〇名前後いたが、日本人名前を与えられた者たちだけが標柱にその名前をとどめた。

海獣猟・交易でエトロフ島への渡海経験を持つアッケシ・クナシリ島のアイヌの協力なしには、血気盛んな近藤の意欲といえども、エトロフ島渡海は不可能であったのはいうまでもない。「大日本恵登呂府」の標柱はこれまでも近藤隊の「功績」としてたびたび引き合いに出されてきたように、エトロフ島の領有権を内外に示そうとしたものであったのは、その通りであろう。

近藤らがクナシリ島のトマリに戻ってきてからのことであるが、ネモロ惣乙名ションゴ

（ションコ）のウタレがエトロフ島より着船したのを呼び出し、ロシア人と接触を持ったエトロフ島のルリシビに「利助」、ユワレ（イワレ）に「和助」の名を与えることとし、表に「大日本恵登呂府産　利助　一名留利志美」、裏に「皇和寛政十年戊午八月賜名」と書いた「賜名牌」を渡している。同時に「大日本恵登呂府　江戸近藤重蔵建」と書き刻んだ「木表」（標柱）を渡し、ウルップ島渡口に建てるよう指示を与えている。ルリシビは以前に最上徳内の調査によって知られていたロシア人イシュヨの滞在先で、ロシア人化が心配される存在であったからである。

こうした近藤の行為をみると、領土宣言と結びついて、蝦夷地・千島の住民であるアイヌ民族の固有の名前を消し去り、日本人名前を与えていく同化志向が早くも表れていることは注目しておいてよい。他にも、重蔵は道中所々で協力したアイヌに日本人名前を意識的に「賜」っていた。アイヌの「赤人」化に対抗する、「日本人」化の同化主義の先鋭的な推進者としての重蔵の気負いがはっきりと見えていた。

ウルップ島のロシア人

エトロフ島口への実際の渡海や、クナシリ島のアイヌたちの風聞から得られた近藤重蔵の千島の現状認識を見ておこう（『近藤重蔵蝦夷地関係史料』一）。エトロフ島・ウルップ島に渡ったアッケシの惣乙名イコトイの「悪党」ぶりがアッケシおよびクナシリ島のアイヌの証言から詳しく調べられているが、これはすでに述べたので省略する。

「赤人」＝ロシア人の動きであるが、寛政七年（一七九五）九月にラッコ猟のために大船一艘に乗って六〇人ほどがウルップ島ワニナウに上陸し、ワニナウ・マッコタンに家作し越年していること、寛政一〇年五月までに帰国する者があり、当時一七人がトボ（トウボ）に移って住んでいることなど、情報を間接的ながらよくつかんでいる。千島アイヌの「赤人」化も気になるところであった。ウルップ島越年のロシア人は「ラッコタン」という遠い島の「蝦夷」を一人伴ってきていたが、すっかりその身体風俗が「赤人」化していたという。ウルップ島にやってきて、ロシア人とアイヌの間の通詞役を果たす、中部千島シモシリ島（シムシル島）のシレイタの存在も知られている。シモシリ島のアイヌたちはすでに「赤人」化しており、調査したいが無謀に「敵地」に入るのは難しいというのが近藤の判断であった。

エトロフ島のアイヌとロシア人の接触は前述の他にもあり、アイヌたちが寛政八年ウルップ島ワニナウ沖に行ったさい、ロシア人が小舟で出迎え煙草・酒など飲ませてくれたので安心して上陸したところ、いろいろ親切に酒食の馳走にあずかった。クナシリ島からウルップ島に渡ったアイヌもロシア人より錫製《すず》の盆を贈られているし、ネモロの惣乙名ションゴがエトロフ島で松前藩宛のロシア人書簡を託されることがあったともいう。南千島アイヌに対するロシア人の働きかけが近藤に異国境取り締まりの緊急性を認識させたのはいうまでもない。

異国境取り締まりの近藤の提言

近藤が寛政一〇年（一七九八）八月にまとめた異国境取り締まりについての内密上申書の草案が残っているが、その考え方の基本は、ウルップ島にロシア人が商館でも構えてしまったら追い払うのも難しくなり、いますぐにでも松前藩の処置を急がなければウルップ島の存亡はおぼつかないというものであった。対策としては、蝦夷地を幕府の直轄にすること、アイヌに対する「介抱」を手厚くすること、アイヌを「日本人」化し幕府の「恩徳」に帰服させること、の三つがとくに重要だとする。

そして、松前藩がウルップ・唐太（カラフト）まで領内であると主張しても、現にウルップ島にロシア人が滞留している現実に対して、とても自力で対応できるものではない。松前藩宛の朱印状には「蝦夷領」のことは触れられてはおらず、蝦夷地は松前藩の領地とはいいがたい。蝦夷地のことは松前藩が「取次」というだけのことで、「蝦夷人自から蝦夷国」と唱え、自ら「酋長」を立てて、「荷物」を松前藩と「交易」しているのが実情である。したがって、幕府が蝦夷地を直轄してもなんら差し支えないというのが、近藤の論法であった。

ただし、蝦夷地全部の幕領化ができないのであれば、クナシリ・エトロフの二島だけでも「急速」に収公すべきであると述べていた。エトロフ島への大船（弁財船）の航路を開拓して「荷物」を回漕し、両島のアイヌを厚く「手当介抱」していくならば、自然と島はにぎわい、人口も増え、幕府の威光もありがたがるようになり、ロシアとの交易も不要になっていくであろうという予測を立てている。ウルップ島のロシア人については、無理矢理に追い払えば「争論」になってしまうので、南千島のアイヌとの交易・交通を遮断する。そうすれば、不毛の地であるウルップ島に越年するのは困難になるから、おのずと見切りをつけて立ち去るのではないかと考えていた。以後、この近藤の主張にほぼ沿うかたちで、蝦夷地直轄下におけるエトロフ開島の対策が推進されていくことになるが、それは章を改めて述べることにしよう。

エトロフ開島

エトロフ島の開発

寛政一〇年（一七九八）の蝦夷地《えぞち》調査本隊は、同年冬江戸に帰った。この年渡辺胤《つづく》は松前に居り、大河内政寿《おおこうちまさこと》は東蝦夷地シャマニまで、三橋成方《みつはしなりみち》は西蝦夷地ソウヤまでそれぞれ見分している。また、近藤も右に述べた千島情報を書状で詳しくもたらしていた。幕閣はこの調査隊の報告によって、ロシア人がエトロフ・ウルップあたりに渡来し、アイヌと交易するような事態をこのまま見過ごしておけば、「奥蝦夷」のみならず「口蝦夷」のほうまで入り込み、アイヌの人たちがそれに付属しかねないという危機感をもち、幕府の直接介入を決意していく。

東蝦夷地仮上知

同年一二月二七日、書院番頭松平忠明を蝦夷地取締御用掛《とりしまりごようがかり》に任命したのを手はじめに、翌一一年一月一六日、勘定奉行石川忠房、目付羽太正養《はぶとまさやす》、使番大河内政寿、勘定吟味役三橋成方を同じく蝦夷地取締御用掛に命じ、同日松前藩（藩主松前章広《あきひろ》）に対して東蝦夷地のうち、ウラカワ以北シレトコまで、その他「島々」（クナシリ島・エトロフ島など）を含めて、「当分」（七ヵ年）の間御用地として仮上知《かりあげち》することが達せられた。八月には松前藩の内願によって、箱館地方およびウラカワまでの東蝦夷地も追加して上知され、幕府が東蝦夷地全部を管轄することになった。

その後、幕府は享和二年（一八〇二）二月に蝦夷地奉行（同年五月箱館奉行と改称）を置き、七月に東蝦夷地を当分御用地から永上知《えいあげち》に変更した。さらに、文化四年（一八〇七）には松前地方および西蝦夷地を上知し、松前地・蝦夷地全域を幕府直轄とし、松前藩を陸奥梁川《やながわ》に転封した。奉行所も箱館から松前に移って、松前奉行と改称される。幕府の直轄支配は文政四年（一八二一）まで続き、ふたたび松前藩が復領することになるが、このような政治過程を詳しく述べるのは省略しよう。

エトロフ島掛の任命

東蝦夷地の当分御用地が異国境取り締まりを理由にしていた以上、寛政七年（一七九五）渡来のウルップ島のロシア人を念頭において、エトロフ・ウルップ対策を主要な懸案事項としていたのはいうまでもない。具体的にはウルップ島の手前のエトロフ島を開発して外寇《がいこう》に備えようというのが仮上知の眼目であった。

最初のエトロフ島掛となったのは、勘定に昇進した近藤重蔵と普請役元〆格の山田鯉兵衛の二人である。近藤が蝦夷地から江戸に戻ったのは寛政一一年二月二六日、そして三月一〇日にエトロフ島掛として蝦夷地への派遣が決まり、二〇日には出発するというあわただしさであった。近藤の一行は六月一九日、エトロフ島への渡り口であるクナシリ島アトイヤまで至ったものの渡海を見合わせている。旬季が遅れたためといわれているが、無理に渡海せずに明年の場所開設の準備を優先したためであろう（『近藤重蔵事蹟考』）。

クナシリ島の近藤はむろんウルップ島逗留のロシア人の動きや、ウルップ島以北の情報収集に余念がなかった。ウルップ島から戻ってきたアッケシのイコトイ、クナシリ島のイコリカヤニ、エトロフ島のウトリキなどから、日本語がよくできるイチスケ（市助）というアイヌを通して、いろいろ聞き出し報告している。市助はアッケシのアイヌで、近藤らの片腕となって働いた人物である。エトロフ島のアイヌ人口は思った以上に多く、エトロフを急ぎ「開国」して撫育《ぶいく》に努めなければ、七〇〇人ものアイヌをロシア人の誘惑から断ち切らせ、本邦に心伏させるのは難しいとの重ねての主張であった。

イコトイがこの年エトロフ島からクナシリ島に帰船してきたのは、近藤にとっては喜ばしいことであった。イコトイは松前藩に捕まれば死刑になるかと恐れていたが、このたび幕府の御用地になり松前藩の役人がいなくなったので安堵《あんど》し、アッケシに帰郷する気持ちになったのだと述べていた。近藤があれほど「暴戻《ぼうれい》」の者であると非難した人物であったが、会ってみると応対のしかたがよく、アイヌ社会の「古事」に通じ、ウタレの扱いもあたりよく、役に立つ人物という評価に大きく変わっている。実際に翌一二年、イコトイは近藤にかなり協力的で、情報収集の役割が期待され、エトロフ島からウルップ島に渡った。

近藤は明年のエトロフ島開島をアイヌたちに伝えているが、これに対するエトロフアイヌの反応について、これまでイコトイやクナシリ島のイコリカヤニの「暴虐」にあい、島を二分されてきたが、幕府の支配ともなれば、自分たちでエトロフ島を立てることができるとして喜んだ、と記している。エトロフ島開島に熱意を燃やす近藤の立場を割り引いてみても、エトロフアイヌが幕府の介入を大きな抵抗なしに受け入れていく要因がそのあたりにあったとみてよいかもしれない。

図13　高田屋嘉兵衛（北方歴史資料館蔵）

エトロフ航路と高田屋嘉兵衛

寛政一一年（一七九九）は近藤らのエトロフ渡海が断念されたものの、同島の開発を可能と判断させるにいたる重要な成果があった。それは高田屋嘉兵衛《かへえ》によってクナシリ島からエトロフ島に渡る回船ルートが切り開かれたことである。最上徳内の最初の渡海以来、エトロフ島への渡海はすべてアイヌの協力による蝦夷船に依存してきた。海峡には三筋の潮流があり、蝦夷船は少しでも風波があれば転覆する危険を抱えていたし、エトロフ島を開発するにはアイヌ撫育用の交易品や漁具、あるいは経営・警備のための人員を大量に輸送する回船の派遣が必要不可欠であった。

高田屋嘉兵衛は淡路島の都志本《つしほん》村に生まれ、兵庫に出て海運業に携わり、一五〇〇石積の大船辰悦丸を建造して船持船頭となった。松前・蝦夷地と上方を結ぶ日本海海運にねらいを定め、寛政一〇年に箱館に出店を開設した。やがて箱館在勤の幕府勘定高橋重賢《しげかた》（三平）と近づきになり、その紹介で上役の蝦夷地取締御用掛三橋成方に謁した。三橋の命で幕府の運送方を引き受けるようになり、アッケシに寄港したさい重蔵とめぐりあい、エトロフ航路の開拓を引き受けたものといわれている（『近藤重蔵事蹟考』）。

七月一八日、嘉兵衛は幕府の御用船義温丸という一〇〇石積以下の船に乗り、クナシリ島のアトイヤを出航した。翌日エトロフ島のタンネモイに着き、シャナ・ナイポ（ナイボ）などを巡って、二九日にクナシリ島に戻ってきた。蝦夷船は海峡を直線的に渡るから危険なのであって、迂回して航行すれば問題ないと、日々高台に上がり潮流の観察を行っての渡海であった。これにより大船の航行は可能とわかり、翌年近藤らが辰悦丸でエトロフ島に渡ることになる（『休明光記付録』）。嘉兵衛の名はエトロフ航路のパイオニアとしてよく知れ渡っているが、エトロフ島とのかかわりは後述するように、その後も深い。

嘉兵衛の影に隠れてしまっているが、嘉兵衛と一緒にエトロフ島に渡った番人に、寅吉と又四郎がいた。この二人はエトロフ島の海岸沿いで漁場になりそうな候補地を見て歩いた。また、アイヌたちに会所（取引所）や番屋（警備の施設）を建てるための材木および薪の伐り出しを「手印」（約束の品）を取り命じていた。市助・四方作ら四人のアイヌを越年させたのはその差配のためであった。これらの段取りをつけて、嘉兵衛とは別に蝦夷船でクナシリ島に戻っている。寅吉は下北半島の正津川出身の出稼ぎ漁民で、やがてエトロフ場所の支配人となっていく人物である。数年のうちに島中に二三ヵ所もの漁場を見立て（『北夷談』）、鮭・鱒漁の大産地となる基礎をつくった。エトロフ島の「開国」を現場で支えた人物といってよい。このような航路開拓や漁場調査など事前の調査活動があって、翌年のエトロフ場所の開設が可能であったのである。

エトロフ会所の開設

近藤はシャマニ、山田はユウフツにそれぞれ戻って越年し、寛政一二（一八〇〇）年満を持してのエトロフ島渡海となった。エトロフ場所の開設に至るプロセスを、近藤重蔵の『会所日記』によってたどってみよう。

ネモロを出船し、クナシリ島トマリに重蔵・鯉兵衛一同が到着したのが四月二〇日、その日会所にクナシリ島の乙名以下を招き、しきたりに従い酒を与えている。アッケシ惣乙名イコトイの姿もあったが、クナシリの惣乙名イコリカヤニは見えなかった。イコリカヤニは乙名役を取り上げられるのではと恐れて、「山入」したということがあとで知られるが、そのようなことはないとの近藤の取りなしで収拾している。エトロフ島でのふるまいが糾弾されると、思い過ごしたのであろうか。

エトロフ行番人として雇った寅吉・三次・松兵衛・重兵衛は、すでに四月一七日にトマりを図合《ずあい》船・蝦夷船で出船し、二七日に渡り口のアトイヤに着き、閏四月二日渡海してエトロフ島ママイに至り、同四日ヲイトに到着した。寅吉はその後シベトロまで見分にでかけている。イコトイは近藤の指示を受け、四月二七日にエトロフ島に向けてトマリを出船した。イコトイの集団の人別が書き上げられているが、大人男一二人、同女一九人、子供男六人、同女一五人、性別未調査八人の計六〇人という大人数であった。

閏四月四日になって摂州兵庫の辰吉丸一二〇〇石積（和泉屋伊兵衛船）および辰悦丸一五〇〇石積（直乗船頭嘉兵衛）がトマリに入船してきた。翌日には明神丸八五〇石積（大坂杉子島多田屋清左衛門船）も入船した。辰吉丸・明神丸はクナシリ場所の仕入れ物を積み、辰悦丸はエトロフ場所の仕入れ物を積んでいた。これらの船にはクナシリ場所の支配人勘右衛門・通詞長三郎以下番人・働方、平戸組鯨突虎太夫・安兵衛、および南部宮古の安兵衛が自ら雇った者たちが乗り組み、船頭・水主を加えると、一三〇名を超える人たちがやって来たことになる。

辰悦丸にエトロフ用荷物を積み込み、エトロフ行きとして先渡りの四人のほかに番人八人、大工二人、木挽《こびき》一人を指名してから、閏四月一二日に高田屋嘉兵衛を船頭として、近藤ら幕府役人、鯨組の二人、番人らが乗りトマリを出船した。同二一日海峡を渡り、アトシヤヌブリの禁《ふもと》ナイホ（ナイボ）沖に繋がり、翌日トリカマイに向かったが、その沖で「大シマキ」（つむじ風）が起こって遭難しかかり、帆柱に金比羅の札を上げて祈念するような状態であったという。出迎えた寅吉の図合船や蝦夷船で引船したがうまくいかず、二三日にトリカマイに入津《にゅうしん》している。トリカマイは「弁才湊《べざいみなと》」といわれているから、千石船クラスの大船が入るのに適した湊であったのだろう。

近藤らが辰悦丸の伝馬船で会所予定地であるヲイトに到着したのは翌二四日である。先渡りの番人たちが建てた四間に八間の小屋二棟があり、これを当座の会所としたものであろう。着後すぐに出迎えのアイヌたちを招き、今年より「介抱」が行われる旨を告げ、有り合わせの濁酒でもてなした。さしあたりの会所開きの挨拶であった。

五月朔日、昨年来の寅吉・又四郎の出精をねぎらい、寅吉を通詞勤方、又四郎を番人小頭、松兵衛を惣番人名代とし、「エトロフ新開」を祝い、惣番人一統へ酒を飲ませた。また、同四日には、エトロフ島のすべてのアイヌを対象として、エトロフ「開発」を申し渡し、乙名ほか一統に酒が下された。ヲイト乙名シリムケアイヌ、シャナ乙名イケシツルバ、ルベツ乙名タカリベアニ、ナイボ乙名ヌシユエには多葉粉《タバコ》も与えられている。そのさい、ヲイトを会所と定め、シャナ、ルベツ、ナイボに番屋を設置すること、以来毎年役人が派遣され、通詞・番人が越年すること、このたびの開発はケカチ（飢饉）などの難儀を救うための江戸表（幕府）の御厚恩であること、償事口論はいっさいしないこと、追々シャム（シャモ＝日本人）振りを見習いシャム言を覚えること、妻のない者には世話をして人口増加を図ること、エトロフ島のアイヌはクナシリ島など他場所に出るのは無用であること、など基本方針が伝えられている。

その他、アッケシ・ネモロ・クナシリ島の「稼方手伝」のアイヌの人たち、および辰悦丸の荷役作業を手伝ったイコトイやネモロの乙名センヒラらに対してもお祝いの酒が与えられた。イコトイはさらに、無妻の者に配下の女子を与えたとして賞されている。しかし、この場で、イコトイを含め、アッケシ・ネモロ・クナシリ島の島外者がエトロフアイヌを島外に連れ出すことは禁止された。エトロフ島の人たちがウタレ化から免れることがこれで保障されたとはいえ、今度は会所によって自由な島々の往来が制限されるという島内緊縛の側面を見逃してはいけないだろう。

五月五日には、旧冬以来材木伐り出しなどに協力したアイヌに「手印」を返却し、越年の市助らを賞した。翌六日には各番屋配置の番人たちがそれぞれに図合船で出船していき、漁の網支度に取りかかった。六日にイコトイ・センヒラらがウルップに向け出船、一〇日に辰悦丸がトリカマイを出帆、一七日には近々人別改めを行うことをヲイト乙名に達し、二〇日からはタンネモイでの鯨漁の見立てがはじまった。翌二一日には義温丸が着船、二二日にイコリカヤニが蝦夷船三艘四二人の集団でヲイトに到着している。エトロフ開発がアイヌ社会にどのような変容を強いていくことになるのかはしばらくおき、まずは順調な滑り出しをみせた場所開設であったといえようか。

富山元十郎らのウルップ島調査

当初の予定では寛政一二年（一八〇〇）に近藤はウルップ島にも渡るつもりであったが、五月六日にクナシリ島・ネモロでの用向きを理由に、それを取りやめる旨乙名たちに伝えている。六月中旬には日和待ちでクナシリ島に戻りたい近藤にとって、今年は無理と判断したものであろう。そのためもあってか、ウルップ島に当春出稼ぎに行っているアイヌたちに、市助らを乗せた出迎え船を出し、早めに帰島させようとしている。近藤はウルップ島渡海のアイヌにロシア人の様子を聞き出すだけでなく、アイヌの通弁によってロシア人の帰国を促そうと期待していたようである。イコリカヤニもウルップ島に渡ったのだと思われるが、クナシリ詰の幕府役人がそうした趣旨をイコリカヤニに託したが失敗に終わったという（『休明光記付録』）。ウルップ島に渡ったイコトイは、倅《せがれ》や娘らが溺死するという災難に遭っていた。その後アツケシに戻り、南千島から彼の勇躍する姿が消えることになる。

ウルップ島対策は、エトロフ掛近藤・山田がこの冬江戸に帰着し、その報告等を待って評議された。松平忠明らの蝦夷地取締御用掛の意見は食い違い、ウルップ島に幕府役人を派遣して説諭し、帰国しなければ箱館近辺に囲いを設けて永く禁錮し、南部・津軽両藩の勤番で警固すべしというもの、また帰国勧告を拒んだときは武厳を示して一人も残さず殺すべきというもの、さらには、できるだけ穏便に対応すべきで、アイヌとロシア人の交易を厳重に禁止すれば、ロシア人が米・酒・煙草などが手に入らなくなり、おのずと離島するようになるというもの、とほぼ三つに割れていた。近藤の考えは穏便策であった。老中の指示は、手荒な処置は差し控え、普請役などの者を派遣して交易制禁の旨をロシア人に伝え、しばらく様子をみて立ち退かないようであれば、最後には捕まえて軟禁状態もやむをえないというところに落ち着いている（『休明光記』『休明光記付録』）。

この評議にもとづいてウルップ島に派遣されたのが、支配勘定格富山元十郎・中間目付深山宇平太である。享和元年（一八〇一）六月二七日、二人は幕府船の礼常丸に乗って六月二七日エトロフ島シベトロを出船した。同行の八王子千人同心二人は鯨船に乗った。両船とも水主となったのはアイヌの人たちである。翌日ウルップ島ヲカイワタラという所に着船した。ラッコ猟のため同地に居たエトロフ島の乙名サケロクを通じて、トウボに住居するロシア人ケレトフセ（ケレトブセ）に面談の諾否を問うている。その結果、七月四日トウボでケレトフセと会うことになり、幕府側の市助と相手側のシモシリ島キモヘイの二人のアイヌが通弁役となって問答が行われた。当時の滞在者は一七名であった。ケレトフセは米・酒に不自由しており、ラッコ皮と交換して欲しいと申し出たが、任務にしたがい交易は国禁である旨伝え断っている。富山らはウルップ島に渡った証拠として「天長地久大日本属島」という文字を彫った木柱を建て、同七日シベトロに戻った。

ラッコ猟渡海の禁止

翌享和二年（一八〇二）はウルップ島見回りは見合わせになった。近年のうちにロシア人が離島しないときは捕縛・軟禁という処置でいったん決まっていたが、設置されたばかりの蝦夷地奉行（箱館奉行）の戸川安論《やすとき》・羽太正養は、ロシア人が交易不自由となればウルップ島を自然と立ち去るであろうから、ラッコ猟のためのアイヌのウルップ渡海を差し止めたらどうかという新たな提案を行っている。これが幕閣の了承するところとなり、享和三年よりまずは二〜三年のつもりで渡海を禁止している。

その後のウルップ島のロシア人であるが、ケレトフセが病死し、配下の者たち全員が文化二年（一八〇五）夏帰国したことが、同年秋エトロフ島に渡来したラショア人の証言から知られている。ロシア人退去後のウルップ島の処置としては、エトロフ島の開発と防備に力を入れるのが御用第一で、ウルップ島まではとても手が回らないので、これまでどおり「空島」のままにしておくほかない、という箱館奉行の主張が通っている。毎年、見回りとラッコ猟をかねて少人数のアイヌと番人を派遣するというのであるが、事実上のウルップ島の放置であった。羽太は『休明光記』に、文化四年（一八〇七）よりエトロフ詰下役・在住のうちから一人、盛岡・弘前両藩勤番足軽三〇人、通詞・番人二〜三人、アイヌ三〇人を、ラッコ猟兼見回りとして毎年ウルップ島に派遣することになったと書いているが、ロシア船のシャナ会所襲撃事件によってそのとおりの対策が取られたわけではなかった。

ロシア人を退去させるという趣旨からラッコ猟渡海が禁止されたことは、幕藩領主層にとって「鞍覆《くらおおい》」利用に向けられなくなるという程度の影響にすぎなかったが、ラッコ交易で勇名をとどろかせてきた道東・南千島のアイヌ社会にとって、それまでの生活世界を大きく変容させる出来事となった。生業のラッコ猟から鮭・鱒漁への転換が迫られ、ラッコ交易の長い歴史は道東・南千島の表舞台から姿を消していくことになる。そのことは同時に、中部以北のアイヌの人たちとの交易・交流の断絶をも意味していた。この点についてはまた後で述べることになろう。

漁場経営と勤番

漁業の開始

寛政一二年（一八〇〇）の最初の年の漁業取り組みは、ヲイト・シャナ・ルベツ・ナイボの四ヵ所に会所または番屋を小屋掛けしてはじまった（『エトロフ書』、『近藤重蔵蝦夷地関係史料』二）。明年からは、シャナより奥地のシベトロ・ベトブなどでも漁場を開く予定とされた。エトロフ島の産物としてラッコ・鷲羽・エブリコ（サルノコシカケ科のキノコ）・皮類が第一に知られてきたが、鮭《さけ》・鱒《ます》・鱈《たら》・赤魚《あかうお》・鯨・海豹《アザラシ》・トドなど海の資源が豊かで、とくに鮭・鱒はネモロ・クナシリ両場所に倍増するとのアイヌの人たちの話であった。

ルベツ番屋では日々大漁が続き、一網六〇〇〇～七〇〇〇本もの鱒がかかり、四場所で想像以上の出高になるだろうと予測されている。辰悦丸が出帆したあと、同じく高田屋嘉兵衛の手船観音丸六五〇石積が五月二八日入津《にゅうしん》してきた。この観音丸に油・〆粕・塩鱒・ウルップ塩切（ウルップは鮭に似た魚）など夏出荷物を積み込み、江戸に回漕することにしている。近藤重蔵・山田鯉兵衛によれば、この秋に鮭・鱒を切囲（塩で加工し蔵に囲っておく）あるいはアタツ（アダツ。三枚におろし身を四つに割き乾しあげたもの）にしておき、明春仕入物を届ける回船が到着するころには油・〆粕・アタツ・鮭切囲・干鱈・寄《より》鯨《くじら》（海辺に漂着した鯨）など合わせ三〇〇〇石目くらいの出荷物が用意できるという見積もりであった。明年の仕入物も三〇〇〇石目内外と予想され、一〜二年は漁具など新規により失費が嵩み引き合わないかもしれないが、漁業が本格化すればかなりの利益が出るだろうと予測され、エトロフ航路に慣れたら、秋味《あきあじ》（鮭）船を導入したい考えであった。

鮭・鱒の漁事手配は通詞勤方《つうじつとめかた》となった寅吉をはじめ、雇われ番人たちの仕事であった。すでにクナシリ場所などでの漁業経験を持つ者たちであったと思われるが、寛政一二年の漁業開始の年からエトロフ島に越年して、アイヌの人たちに鮭・鱒の網漁を指導した。寅吉以下九人が越年したといわれ、和人としてはエトロフ島最初の越年者となった。

平戸鯨組の「羽ざし」（羽刺・羽差）の二人が辰悦丸に乗船していたことは前述したが、

これはエトロフ島タンネモイでの鯨漁が可能かどうか漁場を調査するためであった。その見立てによれば、タンネモイは海岸近くまで鯨が遊泳し、ザトウが多く、セビ、白ナガスといった種類もおり、一日に五〜六本突くことも可能で、鯨漁には最上の浦という評価であった。鯨組をつくるためには鯨船数十艘、雇人数百人、諸道具、納屋・蔵の補理《ほり》など大がかりな準備や経費が必要となる。しかし、異国境の「虎口」であるエトロフ島に多人数が入り込めば、外国へのしめしになり、また中国・九州の「上国」の風俗がアイヌの人たちに移ることにもなり、異国境取り締まりの観点から、来年にでも早々に鯨漁に取り組みたい、というのがエトロフ詰の近藤・山田の考えであった。

しかし、この平戸組による鯨漁は実現にはいたらなかったようである。享和二年（一八〇二）正月の蝦夷地取締御用掛の老中伺には、上総国勝浦辺の捕鯨漁民を少人数連れていって試し漁を行い、アイヌの人たちに覚えさせるようにしたいとしており、これが伺いのとおり認められているので（『休明光記付録』）、右の計画は不調に終わったことが推察される。この勝浦漁民の導入も実現されたかどうか定かではない。

エトロフ場所の収支見込み

開島以来近藤重蔵の相役であった山田鯉兵衛が、享和三年（一八〇三）七月に箱館奉行に提出した同年のエトロフ場所の収支見積もりがある（『休明光記付録』）。創業期の事業経過報告というべき性格をかねた文書であるが、これによれば寛政一二年（一八〇〇）の辰悦丸のエトロフ島初航海から享和三年までに、七〇〇〜一五〇〇石積の回船が合計三七艘渡海し、それぞれエトロフ産物を積み入れて、江戸・大坂・箱館・奥州四ツ倉方面に回漕したという。

毎年大漁続きではあるが、去年まではアイヌの人たちが漁業に馴れず、漁具が整わず番屋も少なかったが、今年はそうした困難がある程度解消でき、漁業可能な所は一七ヵ所に及ぶ。さらにアイヌ人口が増え、漁場がさらに開設されていくならば、産物出高は他の東蝦夷地各場所を全部合わせたよりも多くなるのではないか、と報告されている。それだけエトロフ島は優良な漁場であったわけである。鱒、鮭、赤魚、紅鱒、鯡《にしん》、鱈、鰯《いわし》などが多くあり、とくに鱒は漁最中には海面に群集し、遡上《そじょう》のさい川を埋め尽くすほどで、一〇〇分の一も漁獲できていないといわれている。

享和三年のエトロフ場所の収支見込みについてみると、入用金は仕入物代金四〇〇〇両、支配人・番人・稼方の給金・路用金一一〇〇両、産物石高一万八〇〇〇石目の船運賃七一五一両（江戸・箱館回り）の計一万二三五一両、いっぽう産物払代金は鱒〆粕四〇万貫目一万一四二八両、赤魚〆粕二万貫目五七一両、鱒油二五〇〇挺二五〇〇両、赤魚油一五〇挺一八七両、塩鱒一二万本一〇〇〇両、紅鱒八〇〇〇本一六〇両、秋味鮭一二万本四〇〇〇両、同切囲一八万本二五七一両の計二万二四一七両となり、差し引き一万一六六両の収納になると試算されている。

この数字について山田は次のように言っている。鱒油・赤魚油・塩鮭・塩鱒・紅鱒合わせて七五〇〇石目分は確かに国用を弁じ、金銀融通・諸人経営の助けにはなるものだが、全体としていえば国を富まし、人命を救うというほどの重要性はない。いっぽう鱒・赤魚の〆粕一万五〇〇石目（この目方四二万貫目）は、本邦の田畑の肥やしに使えば、田一反につき、使わずに一石二斗の収量の土地は二石五斗くらいまで収量が増え、仮に一石増えるとみても一年間で五万二五〇〇石の取米増加となる。それだけの取米（＝年貢米）を得るためには三割五分の年貢率として一五万石の田地が必要なのであるから、エトロフ島で生産される〆粕は田地一五万石の開発にも相当するものである、と。

金一万両余の収益と〆粕の波及効果という、エトロフ島開発のメリットが具体的な数字で語られている。また、アイヌの生活について、開島以前には「人倫常用の要器」が備わっていず、飢えるような食料状態であったものがこの間大幅に改善されたと、いい事ずくめに述べられている。このとおりに評価すべきかどうかはともかく、寛政一二年以来場所経営に携わってきた山田らのエトロフ掛の尽力によって、ここまでになったのだという自負がこの事業報告から伝わってくる。

会所と番屋

享和元（一八〇一）年一一月の『恵登呂府誌』によれば、開島二年目のエトロフ島は、会所一ヵ所、番小屋九ヵ所、板蔵七ヵ所、萱蔵二一ヵ所、油〆竈《かま》五三口、渡海船義温丸一艘、鯨船一艘、大図合船二艘（三カ）、図合船一三艘、「夷村」二五ヵ所、「夷船」六三艘、「夷家」一九〇軒、「夷人別」一一一八人、通詞二人、番人二〇人、稼方三〇人、船頭一人、水主九人、という漁業施設もしくは人的構成であった。会所は前述のように開島当初にはヲイトに置かれていたが、この史料では斜那（シャナ）郷に会所一棟と書かれているので（地名は漢字で表記されている）、二年目には会所がシャナに移転されていたことがわかる。

番小屋のある場所とその図合船数・油〆竈数のみをあげてみると、斜那郷―大図合船一艘・図合船二艘・竈一四口、辺富（ベーブ、ベトブ）郷―図合船二艘・竈六口、荒執（シベトロ）郷―図合船二艘・竈八口、瑠別（ルベツ）郷―図合船二艘・竈六口、羅牛（ラウシ）村―図合船一艘・竃六口、生都（ヲイト）郷―図合船二艘・竃六口、風鈴別（フウリヘツ、フウレベツ）村―竃三口、内浦（ナイボ）郷―大図合船二艘・図合船二艘・竃四口、旦根茂居（タンネモイ）―なし、となっている。アイヌの居住地がエトロフ島の西海岸（オホーツク海側）に偏在していることもあって、これらの番小屋はすべて西海岸に設けられている。番小屋所在地にはおおむね図合船と油〆竃、および板蔵ないし萱蔵が設置されていたことがわかる。

アイヌ人口（後述）や「夷船」数も各居住地ごとに書き上げられているが、漁事に動員するための把握という側面が大きいはずである。アイヌの有力者は惣乙名以下の役名を与えられた。惣乙名は斜那《しゃな》郷のルリシビ改め瑠利助、脇乙名は便根別《びんねべつ》村イワレカアイ改め和助、惣小使は斜那郷メントルシ改め髭助・生都《おいと》郷クテキラ改め大助の二人（集計では一人とする）、乙名一五人、土産取《みやげとり》一八人であった。各地の番小屋（番屋）に派遣された番人たちは、これらの有力アイヌを介して労働力を集め、漁場で網を引かせて鱒をとり、大釜で煮たあと締台で絞り、魚油と〆粕を生産したわけである。

油〆竃がいちはやく設置されていることは、鱒〆粕生産を漁場開発の中核に据えていたことを示している。〆粕というと西蝦夷地の鯡が想像されやすいが、鱒の〆粕生産はすでに飛騨屋久兵衛請負下のメナシ地方・クナシリ島ではじまっており、アイヌ蜂起の原因をなしたことはすでに述べた。キイタップ場所（ネモロ場所）やクナシリ場所での経験がエトロフ島に持ち込まれたのだとみてよいであろう。

これより一〇年後の文化八年（一八一一）九月の『東蝦夷地ヱトロフ島大概書』によると、この当時は会所がシャナからフウレベツに移転しているが、番屋の所在地として、ナイボ、ヲイト、ルベツ、アリモイ、シャナ、ベトブ、ヲトイマウシ、シベトロの八ヵ所、また漁小屋のある場所として、ママイ（ナイボより出張漁場）、ラウシ（ルベツより出張漁場）、ナヨカ（シャナより出張漁場）、ベッチャキ（ベトブより出張漁場）、トウロ（ヲトイマウシより出張漁場）、シャウツケヤ（同前）、ビライト（シベトロより出張漁場）の七ヵ所が書き上げられている。他にタンネモイにはクナシリ島からの船着き場として旅宿所が設けられていた。

漁小屋は、漁事の期間だけアイヌの人たちが出稼ぎする漁場に置かれている、番屋の臨時出先施設のようなものである。アイヌはもともとは漁小屋のある土地やエトロフ島の東海岸側にも居住していたが、この時期には番屋の置かれている土地に本拠地を移してしまっている。アイヌ社会が〆粕・塩鮭生産に都合がよいように再編成されているすがたを読み取ることが可能である。

シャナ会所

場所経営の中心施設が会所である。松前藩時代の蝦夷地では場所請負人がアイヌ交易を実現するための施設を運上《うんじょう》屋と呼んでいたが、商人の請負制がいろいろ悪弊を生んでいるとして批判を浴び、幕府の直轄支配のもとでは幕府の役人が場所経営を直接担う直捌《じきさばき》制《せい》が採用された。これにともない、東蝦夷地の運上屋を会所と改めたのである。

エトロフ島の会所ははじめヲイトを仮会所としたが、島中への通路のよさなどからシャナに置かれた。シャナは先の油〆竈数の数が示しているように漁場に恵まれ、いちはやく開けたので島中第一の場所といわれた。シャナの澗《ま》（入江の港）は遠浅で石がごろごろしており、大船が入るのに難所であったが、摂津国兵庫の松右衛門という者が来て海底の大石を取り除き、船の懸かり澗をこしらえ、回船の出入りを容易にしている。松右衛門トマリ（トマリは澗の意）がこれである（『北夷談』）。神社がいくつか勧請されており、とくにエトロフ島の鎮守とされた、日光の三社を安置したという「三社大権現」は「大荘」であった（『毛夷東環記』）。権現様（徳川家康）の威光でエトロフ島を開くというのであろう。他にシャナには高田屋嘉兵衛が造立した金比羅や、稲荷・神明・弁才天の社が文化四年

（一八〇七）までに建てられていた（『閑叟記』）。

このようにシャナはエトロフ島の中心地としての機能を徐々に整えつつあったが、シャナ会所時代はそれほど長くはなかった。文化四年にロシア船の襲撃を受けて会所等が焼き払われ、これを機にフウレベツに会所が移転してしまったからである。

シャナの会所には幕府の役人が派遣されてきた。近藤重蔵と山田鯉兵衛が現地にあってエトロフ開発の推進役となってきたのであるが、近藤は享和三年（一八〇三）一月小普請方に転役となった。寛政一〇年（一七九八）以来五年間にわたってエトロフ島開発に没頭していたことになる。にもかかわらず、その功績が役職の出世コースとしては必ずしも報われず、近藤の憤りはふつうでないものがあった。近藤の跡役として、享和三年に箱館奉行支配調役下役になり、調役並の山田鯉兵衛とともにエトロフ島在勤を命じられたのが松田仁三郎（のち伝十郎と改名）である。

松田はむしろカラフトの山旦《サンタン》交易（アムール川下流域の住民との交易）の官営化に関与した人物として知られているが、相役の山田が島を離れたあと、幕府役人としてははじめてエトロフ詰のまま越年した経験をもっている。越年したのは、前述のように、幕府はウルップ島のロシア人対策として、エトロフアイヌのラッコ出猟を当面差し止める方針を打ち

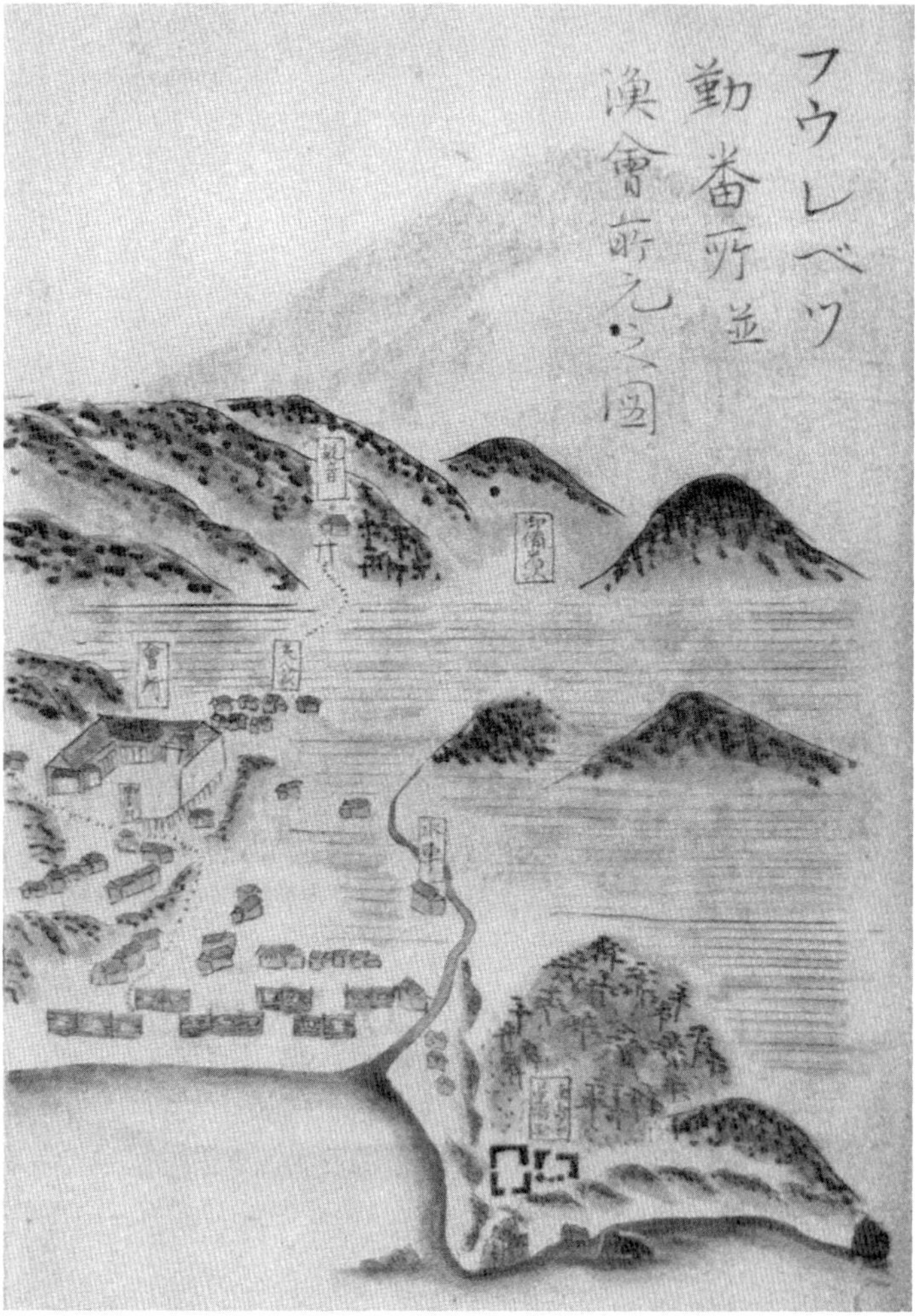

図14　松前藩復領期のエトロフ島フウレベツ漁会所（『エトロフ島全図并廿五ヶ場所之図』宮城県図書館蔵）

出したが、ウルップ島への渡海口に出張してアイヌの人たちの出稼ぎを阻止するためであった。番人たちもはじめて越年する者ばかりで、極寒を恐れて帰郷を願う者が多かったという。屈強の者二〇人余を残して、無事冬を越し、翌文化元年（一八〇四）一月シャナを出てウルップ島渡海口アトイヤまで出張している（『北夷談』）。

松田・山田の後任として、文化元年六月にエトロフ島に着任してきたのが箱館奉行支配調役菊地惣内《そうない》および下役・在住等であった。このときの下役・在住の名前は明らかではないが、エトロフ詰の人員を増やし、越年常勤体制が図られたとみてよい。在住というのは、箱館奉行の配下として箱館もしくは蝦夷地会所元に家族ともども移住して勤務する者で、格別の手当てが支給された。高一〇〜一五俵取の下級武士が蝦夷地在住となる場合、箱館にいれば一ヵ年一〇両の手当てであるが、エトロフ島に行けば三三両の手当てであった（『休明光記付録』）。調役クラスの場所詰手当ても遠隔地ほど高く、エトロフ島の場合には一ヵ年四五両ほどが支給されることになっていた（『休明光記』）。経済的見返りがなければ、誰しも好んで赴任したいとは思わないのが道理である。

会所には幕府役人のほか、会所雇人として支配人、通詞、帳役、番人など主として漁事やアイヌの対応にあたる人々、あるいは、大工、木挽《こびき》、船大工、鍛冶、酒造人などの職人

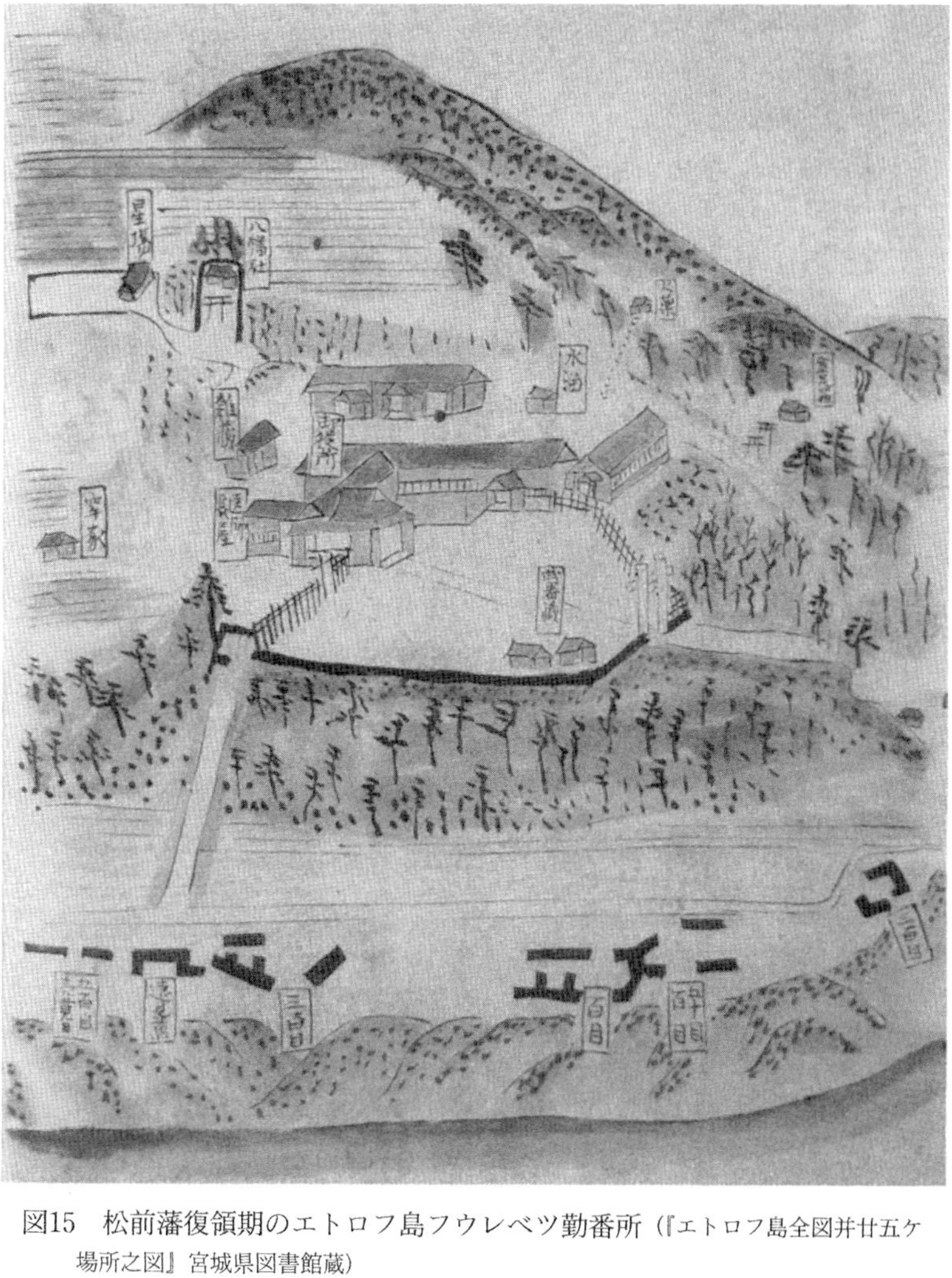

図15　松前藩復領期のエトロフ島フウレベツ勤番所（『エトロフ島全図并廿五ケ場所之図』宮城県図書館蔵）

が抱えられていた。雇の医師も派遣されるようになる。回船の船頭・水主も一時的な滞在者となる。こうして、行政と経営の機能を合わせもつシャナ会所が整備されつつあったが、菊地らはやがて予期せぬ大事件に巻き込まれていくことになる。

エトロフ勤番

異国境の警備のためにエトロフ島に派遣された人々もいる。盛岡（南部）・弘前（津軽）両藩は東蝦夷地直轄にあたり、長崎警備の佐賀・福岡藩の振り合いに準じて蝦夷地勤番を命じられた。幕府からの指令では、両藩ともそれぞれ重役二〜三人、足軽五〇〇人ずつを定式として差し出し、箱館に本小屋をおき、盛岡藩はネモロ・クナシリ・エトロフに、弘前藩はサハラ・エトロフに勤番所を建設して警衛すべきものとされた。この勤番を通じて両藩は名目的に領知高が増え、家格昇進を果たしていくものの、過重な負担となったのはいうまでもない。

エトロフ島は両藩の警衛とされ、他場所より力が入れられていたのは、むろんロシア境をいちばん意識する地域であったからである。ただし、盛岡藩・弘前藩が寛政一一年（一七九九）からただちにエトロフ島に勤番隊を派遣したわけではない。松田伝十郎『北夷談』によると、文化元年（一八〇四）六月に調役菊地らと同時に、南部・津軽両家御固《おかため》人数来着と記し、前年からの自らの在勤中のこととしては勤番の件は出てこない。また、文化三年五月にシャナに渡った盛岡藩の火業師（砲術師）大村治五平《じごへい》の『私残記』も、文化元年に両家がエトロフ島の固めのために人数を派遣したとしている。盛岡藩は中川権右衛門・種市要助の両役人に、医師坂井徳仙、同心一〇人および「庄人」（庶人）が付属しており、弘前藩も同様な人数構成であったという。調役菊地惣内の派遣とともに、エトロフ警衛体制が整えはじめられたといってよいであろう。

派遣隊が詰めている居所を勤番所というが、盛岡藩は会所所在地のシャナ、弘前藩はウルップ島との連絡口として重要なシベトロに在陣した。ここに越年して警衛にあたるわけであるから、壊血病などに罹って死ぬ者も少なくなかった。ふだんそれほどの任務があるわけではないが、文化二年（一八〇五）ラショア人がエトロフ島に渡来してきて、シャナに拘束したときには、盛岡藩が昼夜の見張りを命じられている。文化三年から翌年にかけて越年した勤番隊は、幕府役人ともども後述のようにシャナ事件の当事者となった。

アイヌの風俗改め

異国境という場所の性格から、エトロフ島・クナシリ島のアイヌに対しては他地方のアイヌより、一等よろしき介抱・撫育《ぶいく》を行い、心底が動揺しないように服従させる手だてをとるべきだ、というのが幕府の基本姿勢であった。介抱・撫育とも窮民救済的な行為をさして区別なく使われることが多いが、介抱というのは、当時「介抱交易」という言葉が使われていたように、交易を通してアイヌ社会に恩恵を与えようとすることを本来意味している。また、撫育のほうは、さまざまな機会を通して下され物を支給し、生活の便宜を与えようとする権力の救恤《きゅうじゅつ》行為という意味合いが強い。

幕吏の見たアイヌ生活観

手厚く介抱・撫育すべき対象とされたエトロフ島のアイヌの暮らしは、開島のために乗り込んだ幕府役人にどのように認識されていたのであろうか。さきに取り上げた山田鯉兵衛の享和三年（一八〇三）の報告は、この点について次のように語っている。

　エトロフ島のアイヌは松前藩時代には、ウルップ以北の島々に渡り、猟虎《ラッコ》・水豹皮《あざらしがわ》・鷲羽などを獲り、クナシリ・アッケシの運上屋に持ち来たり、米・麹・酒・煙草などと交易していくが、交易量が少ないので帰島までに消費してしまうことが多かった。日常の生活用具をきちんと所持している者は少なく、四〜五軒に鍋一つがある程度で、ほとんど焼魚ばかり食べている。衣類については本邦の古手を着用している者はなく、乙名クラスで熊・水豹・犬皮を着、ウタレ・女子は鳥の羽を綴ったものやキナという草の衣を着ている。子供たちは氷海の季節でも裸である。食料は漁具がないので海漁ができず、川を上ってきた鱒・鮭をヤスで獲り干魚にする。また、夏中に草の根を取って貯えておくが、時化《しけ》や病気などで食料が貯えられず、飢え寒さに死ぬ者もある。

　およそ、このような暮らしの認識を示しているが、実際にシャナ会所に詰めた人物の言であるので、それほど実態とかけ離れてはいないだろう。島人は「五体全備」し本邦の人と異なることはない。質朴で礼譲をわきまえ、善悪の区別がつき、教諭を守る「殊勝」な人々であるが、日常の生活用具が備わっていないために、自然と「野獣」のような状態にあるだけだ。したがって、漁具を導入して漁業をさかんにし、衣食・用器が充分行き渡るように生活改善してやるならば、仁恵に感謝し、外国から手なずけようとしても気持ちを傾けることはない、というのが山田の認識だった。

きびしい自然条件や生態環境に適応した衣食住の暮らしを「野獣」状態とみてしまうあたりが、異文化理解からはかなり遠いことを示しているが、その人性については好意的な評価を下している。飢え寒さのつらい苦しみから救う、それが江戸表の幕府の仁政である、という意識は山田のみならず、蝦夷地直轄・エトロフ開島を推進した人々の共通に抱いた強烈な感情移入であったように思われる。

しかし、そうした主観的意図がつねに正しいとはかぎらない。エトロフ島のアイヌの人々はラッコ猟・ラッコ交易から〆粕・塩引生産を中心とした鮭・鱒漁業への生業の転換を余儀なくされた。鷲羽、熊皮など軽物《かるもの》の稼ぎがまったく否定されたわけではないが、島内の狩猟活動が抑制され、鮭・鱒漁優先の生活サイクルとなった。それによって、日本産の米・酒・煙草・古着・生活用器などが潤沢になり、他の地域より開けたといってみても、手放しに生活改善されたと評価しうるかは疑わしく、経済的行為としてはそれまでの自立的な交易の否定のうえでの達成であったことを無視してはならない。

人別改め

エトロフ島の人口は、近藤重蔵が開島前の寛政一一年（一七九九）にアイヌから聞いたところではおよそ六九〇人くらいかとされている。それでもクナシリ島の三倍の人口があり、存外に多いというのが近藤の実感であった。翌年の開島年に、渡海した近藤重蔵が人別改めの実施を通達していたのは前述の通りである。その結果が寛政一二年六月改めの『恵登呂府村々人別帳』である（『近藤重蔵蝦夷地関係史料』二）。この人別帳によれば一一一八人、うち男五三六人、女五八二人であった。享和元年（一八〇一）一二月の『恵登呂府誌』も同様の数字をあげている。

山田鯉兵衛の享和三年の報告によれば、開島年の最初の調査では七〇〇人余であったが、ウルップ島以北の島々に出かけて住んでいた人たちが追々帰島したり、新たな出生者が増えたため、ほどなくして一二〇〇人ほどになったのだとしている。寛政一二年六月改めというのは調査開始時点をさしているのであって、現地に残った番人らによって調べが続けられ、幕府役人が全体の人口を知りえたのは翌年の渡海のときであろう。

人口調査にいち早く着手したのは、一般的には、土地と人民を把握しようとする統治者の権力行為といってよいものである。人別帳がじっさいどのように活用されたのか、という点でいえば、『恵登呂府誌』が板蔵・図合船・油〆竃などとともにコタンごとの男女人口を書き上げていたのは、エトロフ島の漁業開発に動員していくための労働力の把握であったことを示している。これは幕領期以降作成されるようになった蝦夷地各場所のアイヌ人別帳にも共通する機能であろう（海保洋子『近代北方史』）。また、右のエトロフ島の人別帳には、享和元年（一八〇一）八月までに「改俗」した者の年月日と改俗名が記されていた。同化強制の台帳としても機能していたことになる。

風俗改めと髭塚

近藤重蔵が寛政一〇年（一七九八）のエトロフ島渡海にあたって、同行させたアイヌなどに和人名を与えていたことは前述した。最上徳内の近藤宛書状（寛政一〇年一〇月二二日）に、アイヌに羽織を着せて伴《とも》に申しつけ、自らは烏帽子《えぼし》をかぶって、請負人一統難儀、「大あだけ」もいいところだ、という松前における近藤の噂を記しているが、近藤の人物評価はともかく、現地にあって同化政策を強力に推進しようとした急先鋒であったのは間違いない。介抱・撫育さえきちんとすれば、風俗を替えて「日本人」になることをありがたがる、という思いこみがあった。

寛政一二年（一八〇〇）の開島によって風俗改めが現実化していく。前年からエトロフ島に越年して材木・薪の伐り出しなど開島の準備に携わり、シャム（シャモ＝日本人）言葉をよくするアイヌの市助がエトロフ永住を願って「シャム扱」を受けることになった(『会所日記』)。彼はシャム振りをアイヌに教えたとして賞されているが、右の人別帳には寛政一一年八月改俗とあるから、すでに身なりを日本人風に変えていたものであろう。アッケシ生まれの島外のアイヌとはいえ、日本人の身体風俗をいち早く身につけたエトロフ在住アイヌとなり、改俗の先導役を期待された。ついでヲイト仮会所で飯炊役として雇われたアイヌがシャム振りとなって古着を支給され、同所乙名シリムケもシャム振りを願い出ている。まだ、この年は島人全員に風俗改めを強要するまでにはいたらず、自発的な改俗を促すにとどまっていたといえるが、アイヌの人口調査がそのための第一歩となったのである。

改俗・改名台帳としても機能した右の人別帳によると、翌享和元年(一八〇一)の六月から七月にかけていっせいに改俗・改名を実施しようとしていたことが知られる。会所所在地のシャナをはじめとして、番屋が早く開設されたルベツ・ヲイトなどではかなりの男子が改俗・改名したことになっている。乙名・土産取といった役名を与えられた有力アイヌが改俗・改名した所においてその割合が大きいといえよう。人別帳名前のうち、日本名のつく男性は半数近く、女性は四分の一程度であるが、これを必ずしも低いと評価するわけにはいかない。

東蝦夷地各場所でも当初、風俗改めを進める方針であった。しかし、予想以上にアイヌの反発が強く、改俗強制はアイヌの離反につながるとして断念されていくが、エトロフ島だけは乙名層アイヌの過半の納得が得られるとする近藤・山田の報告にしたがって右の改俗が実施されたものであった。享和三年の山田鯉兵衛の前出報告によれば、この年までに「本邦風俗」になった者は七割ないし八割前後に達している。山田はアイヌのほうから願い出、月代《さかやき》のみを剃ったり、髭《ひげ》までも剃ったり、随意に任せていると記しているが、幕閣からの指令は強制的なやり方を認めていなかったので、そのような自由意志尊重のように書いたまでで、じっさいには改俗の強力な働きかけがなされたとみるべきであろう。

エトロフ詰役人が菊地惣内らに交代してからだが、文化四年（一八〇七）四月一五日、シャナ会所でエトロフ島アイヌの「一統改俗」の祝儀が催されている。幕を打ち巡らした会所には菊地・戸田又太夫ら幕府役人、番人・諸職人、盛岡・弘前両藩の勤番人数、月代・髭を剃った改俗アイヌ二〇〇人くらいの、総勢三〇〇人ほどが会所に招かれ、当島開闢《かいびゃく》以来のにぎわいをみせた儀式・祝宴であったという（拙著『北方史のなかの近世日本』）。改俗方針は菊地にも引き継がれ、ついにアイヌのすべてが日本風俗になったといわれるまでに進展したのである。ただし、女性の場合には男性と違ってアイヌ振りのままであった者が多かった。

この一統改俗を記念してアイヌたちが剃り落とした髭をまつる「髭塚」が建てられた。髭塚は竪四尺五寸（一・三六メートル）、横一尺三寸（約三九・四センチ）の大きさで、箱館奉行羽太正養の碑文が刻まれているが、その碑文はエトロフ島の処置に関わった人たちの功績をふりかえり、国恩に感じてアイヌ自ら髭を切り、髪を結い、男女とも「夷」の姿の者は一人もいなくなったなどと、主観的にすぎない仁政の施しを誇らしげに語っていた（大内余庵『東蝦夷夜話』）。

年中行事の下され物

はたして羽太が記すように、改俗が自発的にスムースに受け入れられたとみるべきなのだろうか。近藤重蔵は文化四年（一八〇七）の覚書に、髭塚に関連してのことと推察されるが、ウトリキが髭を剃らないので無理に剃らせた由のことを書き留めている（『近藤重蔵蝦夷地関係史料』二）。近藤はすでにエトロフ掛ではなかったが、そうした情報を聞いたものであろう。ウトリキというのは、さきの人別帳によれば、シベトロの乙名で、シベトロでは惣乙名ルリシビ（留利助、享和元年〈一八〇一〉二月にシャナへ引っ越した）に次ぐ地位にあった。拒絶の意志表示が明確にできない場合でも本心は承服していない、というケースもあったとみるべきであろう。とはいっても、一統改俗といわれるような改俗の進行は否定しがたい。他場所と異なって改俗を可能にする条件がエトロフ島の処置のなかにあったとみる他ない。異国境の手厚い撫育とことさらに強調された、さまざまな公儀権力からの下され物のもつ意義が大きかったといえるようである。

文政四年（一八二一）の松前藩復領にともない、エトロフ場所でも幕府から松前藩への各種引継文書が作成されたが、そのなかにエトロフ島の「村方」に支給された下され物の文書が含まれている。それによれば、年始、五節句、八朔、毎月朔日・一五日・二八日、歳暮、エトロフ詰合役人の到着・見回り・引き払い、惣乙名以下村役の任命、出生、縁組、病死、風俗改め、鎮守祭礼、オムシャなど、さまざまな機会を通じて物品がアイヌの格付け、あるいは男女の別、大人子供の別などに応じて与えられ、定式化・恒例化していた（『北方史のなかの近世日本』）。

なかでもオムシャが幕府役人とアイヌが取り結ぶ最重要の行事とされ、幕府役人側からの法度《はっと》申し渡し、アイヌ側の誓言、下され物（酒・煙草・古手・反物）の支給、盃事《さかずきごと》、台所での酒食饗応という流れで進行した。支配・被支配の合意関係を毎年意思確認するといった、更新儀礼の意味合いを持たされた行事といえよう。また、惣乙名など「村役」任命のさいには、行器・台杯・羽織・古手・米・麹・煙草などが役柄によって支給されている。内地の村役人に似せた待遇といえる。各種行事のさいに、もっともポピュラーに支給されたのが酒と煙草であった。米・麹も支給されるが、日常の食料となったというより、濁酒にされたとみるべきである。

このような恒例化した下され物は、おそらく蝦夷地の他場所のどこよりも手厚いものであった。文化七年（一八一〇）にエトロフ場所では直捌制を止め、高田屋嘉兵衛の請負制に移行されるが、高田屋への指示でも以前同様の手当て・下され物を支給すべきものとされている。鱒油代を場所備金とし、それをアイヌの手当て支給に当てるという財源の確保があったから、手厚い撫育が可能であった。近藤らの改俗政策は徹底したものであったが、ただやみくもに突き進んだのではなく、下され物支給や鮭鱒漁の導入など経済的便宜を図ったことが、改俗を表面的にせよ受け入れさせていく要因であったといえるだろう。そうした誘導策が、アイヌ社会の経済的自立を保障するものであったかどうかは、むろん別問題である。

イチヤンケムシの帰化

中部千島のラショア島出生のアイヌであるイチヤンケムシが妻・倅《せがれ》と一緒に、寛政一二年（一八〇〇）にシベトロの前出ウトリキがウルップ島から戻るさい、その船に同乗してエトロフ島に渡来した。「しもしり蝦夷」と記されているが、シモシリ島・ラショア（ラショワ）島のアイヌは同一の集団であったようで、ラショア島を本拠地としシモシリ島へ出稼ぎしていた。ラショア人と呼ぶことのほうが一般的である。

通詞の寅吉と和語を覚えるアイヌの市助が事情を尋ねたところ、ウルップ島滞在のロシア人ケネトフシ（ケネトブシ・ケレトフセ）に非道手荒な扱いを受け通詞役を強いられたので逃げ出したく思い、ラッコ猟出稼ぎ中のウトリキに頼み、密かに逃亡してきたものであった。イチヤンケムシらは髪を「三打《みつうち》に組」んで（三つ編みのことか）後ろに下げるなど、まったく「赤人風俗」（ロシア風俗）に身なりを変え、子供は十文字の小さな金物を首に掛けていた（『近藤重蔵蝦夷地関係史料』二）。

翌享和元年（一八〇一）、富山元十郎らがウルップ島に渡ったさいに、ケレトフセより通詞役がいなくて困っているとして返還を求められている。このとき同行していた市助は、イチヤンケムシに対する非道の扱いをしないようケレトフセに要請し、これにケレトフセは同意している。イチヤンケムシはラショアに帰りたい意思をもっていたと思われるが、結局エトロフ島居住の道を選んだ。人別帳によれば、享和元年七月一五日に改俗し、名前を市平と改め、翌日乙名並心得を申し渡されている。妻のイナンシヤウシマチが「おいな」と、子のイモンケセツクルが三吉とそれぞれ改名している。

イチヤンケムシが以前にエトロフ島シベトロに渡来したことがあると述べていたように、ラショア・シモシリアイヌの人々がたびたびエトロフ島に交易のため渡来していたことが知られている。エトロフ開島以後でも、松田仁三郎在勤中の享和三年にラソハ（ラショア）のアイヌが鷲羽を持って渡来し、米・酒・煙草などと交易している。

しかし、文化二年（一八〇五）にラショア島のシレイタ（マキセンケレコウリツ）らがエトロフ島に渡来したときは、菊地惣内が詰合であったが、身柄を全員拘束され、渡来目的などがきびしく取り調べられた。ロシア人の手先としてスパイ行為を働いているのではという予断がつよく働いていたといってよい。ラショア人はすきを見て逃げ帰島したが、その後文化七年にも渡来している。このときも同様に捕らえられ、取り調べを受けた後、ウルップ島に放還されている。幕府はラショアアイヌをロシア風俗化した人々としてとらえ、その渡来を禁止してしまったのである。それは、千島アイヌの交易・交流世界がエトロフ

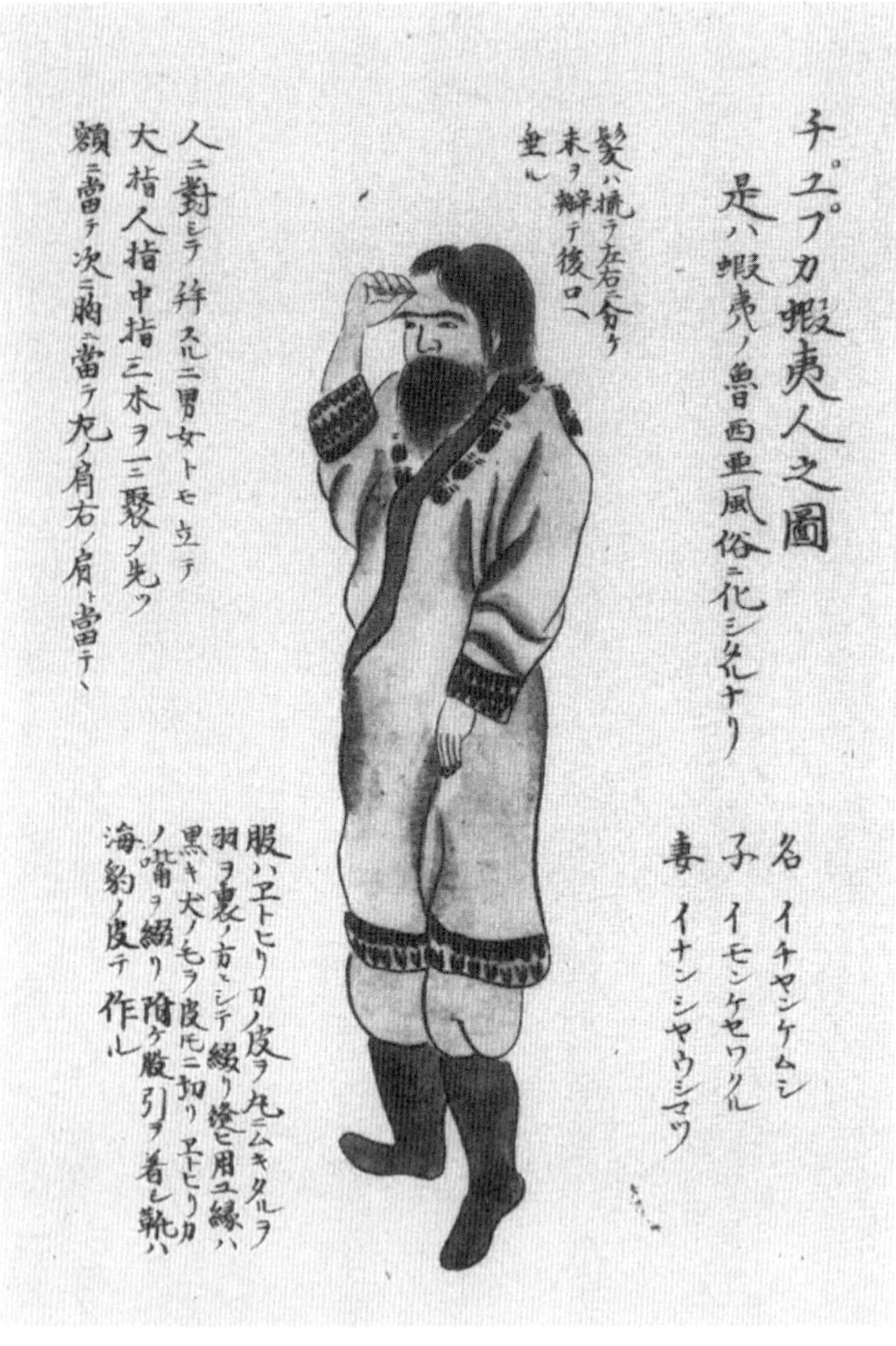

分界図考』国立公文書館内閣文庫蔵）

図16　イチヤンケムシ（『辺要

アイヌとラショアアイヌとの間で分断されたことを意味していた。

異国船警備とアイヌ

エトロフ島の防備が、基本的には盛岡・弘前両藩の軍役負担によって遂行されたことは前述の通りであるが、アイヌ社会がどのようにその体制のなかに組み込まれていたのか、少し言及しておこう。近藤重蔵などは、蝦夷地の「武備」について、アイヌの人たちを「士兵」に取り立てるべきだという意見を持っていた。

寛政一〇年（一七九八）の内密上申書に次のように記す。アイヌははなはだ武勇を好む。平生弓矢を離さず、遠島へ旅行のさいは必ず鑓《やり》を持っていく。身体的にも筋骨が柔らかで力量があり、これを調練するならば「剛卒」の者となる。シモシリ島のアイヌは、「赤人」から鉄砲を与えられ、その鉄砲を使いこなしラッコ、アザラシ猟をしており、こちら側のアイヌたちはそれを羨ましく思っている。このようなことをみれば、「家来」を七〇人、八〇人もつ「酋長」（首長・乙名と同義）にその土地の取り締まりを命じ、脇差《わきざし》御免《ごめん》、羽織着用のうえ鉄砲一挺貸し渡し、二人扶持《ににんぶち》くらいを与え、「遠見番《とおみばん》」などの役名を与えていけば、「外夷」に対する防御心が生まれてくる、と。狩猟民としての身体特性を武備に動員すべし、という主張であった。

ただし、実際のエトロフ経営では、アイヌは漁場の労働力としての位置づけが勝っていたから、防備の前面に駆り出されたわけではない。とはいえ、アイヌの人たちも防備体制の一環に組み込まれていたことは否定できない。『文政午年蝦夷地恵戸呂府返地目録写』という史料によってみると、文化四年（一八〇七）以降に該当するが、エトロフ島のフウレベツ地内に二ヵ所、シベトロ地内に一ヵ所、東浦に二ヵ所の「見張番」があった。ここには三月から九月まで「村方」＝アイヌが詰めて近海の監視にあたっていた。

また、オムシャのさいの申し渡しによれば、アイヌの人たちは、海岸浜手の場所では昼夜心を付け、夜中折々見回り、異変が少しでもあったならすぐに会所に注進すること、外国から渡来してきた者や、ウルップ島より先々の者（ラショア島のアイヌなど）を発見した場合には上陸させないで追い返し、昼夜に限らず会所に知らせること、ロシア船が見えたならばすぐに注進し、一五歳より六〇歳以下の者にあっては、銘々が前もって拵《こしら》えておいた弓矢、得道具《えどうぐ》を持って会所に駆けつけること、といった対応を約束させられている。少し時代が下るが、嘉永二年（一八四九）、松前藩復領時代のエトロフ島を訪れた松浦武四郎は、フウレベツの勤番所に毒箭《どくや》一〇〇〇筋、夷弓一〇〇張が備えられている、と記していた（『三航蝦夷日誌』）。

次に述べるシャナ事件を契機として、役割分担が明確化されたのかと思われる。これからすれば、アイヌの人たちは、防備の末端、もしくは緊急時の動員といったあたりに位置づけられており、大名の勤番体制を補助的に支える役割であったといえるだろう。それにしても、アイヌ民族として同族のラショアアイヌを追い返す側に編成されてしまったのは痛恨の思いであったにちがいない。

エトロフ島襲撃事件

ロシアのシャナ攻撃

　エトロフ島をめぐり幕府を震撼《しんかん》させた最大の事件は、なんといっても文化四年（一八〇七）のロシア船によるシャナ会所等日本人施設の襲撃であろう。事の発端は、文化元年九月にロシア使節レザノフが、先に渡来したラックスマンがもらった長崎入港の許可証をもって長崎に来航し、幕府に通商を求めたのに対して、幕府は長く待たせたあげく、翌二年三月になってその要求を拒絶したことに始まる。

交易拒絶と報復

　怒ったレザノフは部下のフヴォストフらに報復を指示しており（真鍋重忠『日露関係史』）、文化三年九月、フヴォストフはフリゲート艦ユノナ号でカラフト島南部アニワ湾のクシュンコタン（久春古丹）に出現、上陸して運上屋を襲撃した。囲米《かこいまい》・酒など諸品を略奪し、放火して運上屋・板蔵・弁天社・図合《ずあい》船など残らず焼き払った。また、同地に越年していた富五郎ら四人の番人が連れ去られている。アイヌの住まいなどは襲わず、襲撃対象は和人施設に限られたものであった。

当時、カラフトは幕府ではなく松前藩の支配下にあった。同藩のクシュンコタンの支配人元締徒士格柴田角兵衛が、翌四年三月四日にソウヤを出船しシラヌシに渡ったさい、同地の乙名《おとな》アシニケから聞いたのが最初で、四月六日に松前に第一報が入り、翌日付の松前藩の注進が一〇日に箱館奉行に届いている。情報が遅れたのは、長い冬の間、宗谷海峡の連絡が途絶えていたからであった（『休明光記付録』）。

文化四年（一八〇七）三月二二日、幕府は松前および西蝦夷地を上知《あげち》し、松前藩を奥州梁川《やながわ》（福島県梁川町）に領知高九〇〇〇石として転封する旨命じている。これにより、松前・蝦夷地一円が幕府の直轄となったわけであるが、右の事実経過からいえば、文化三年九月のクシュンコタン襲撃がまだ知られていないなかでの、松前藩転封の幕府決定であった。幕府は西蝦夷地の上知について三〜四年前から外国境の取り締まりとしてさまざまな調査を進めており、文化三年に目付遠山景晋《かげみち》・勘定吟味役村垣定行が西蝦夷地のソウヤ・シャリあたりまで見分している。江差の姥神《うばがみ》社に掲げられる「降福孔夷」の額が隠居松前道広のロシア内通の嫌疑として問題視されたのは、この見分のときである。

ナイボ番屋の襲撃

ロシア人の乱妨はクシュンコタン攻撃で終わらなかった。翌文化四年（一八〇七）にはロシア船二艘、すなわちフヴォストフの乗るユノナ号、ダヴィドフの乗るアヴォーシ号がエトロフ島に向かい、以下に詳しく見ていくように番屋・会所を襲撃した。エトロフ騒動は異国境での衝撃的事件であったので、事件の経緯が憶測・誇張・事実誤認を含みながら、いろいろな情報網によって全国にひろまった。そのために今日に残された記録が多いが、何が本当の事実であったのか、経過を復元するのがかえってむずかしくなっている。

そうしたなかで、当時エトロフ島に越年居住していて事件に巻き込まれた当事者たちの記録・証言が比較的信憑性が高いだろう。シャナ詰幕府医師久保田見達《けんたつ》の『北地日記』、シャナ詰盛岡藩士千葉政之進の『筆記』、同じく大村治五平の『私残記』、ナイボでロシア船に連行された番人小頭五郎治の『贈菊地惣内書』（『千島の白波』）および帰国後の『五郎治申上荒増《あらまし》』、シャナで酒造りをしていた庄内大山の酒師専太郎の話（『千島の白波』）、当時エトロフ島に赴任するためクナシリ島に渡り、同島に退去してきた当事者たちの見聞をまとめた幕府雇医師新楽閑叟《にいらかんそう》の『閑叟記《かんそうき》』（『千島の白波』）、さらには箱館奉行による事件関係者からの事情聴取、などがそれに該当する。ただし、混乱のなかの記憶違いや自己保身があるので正確ではない部分が当然含まれている。

ロシア船はまずナイボを襲った。『贈菊地惣内書』によると、フウレベツ番屋に詰めていた五郎治（五郎次）は在住役人児玉嘉内に付属してヲイトに出張していたが、二五日ナイボの変事が伝えられ急遽ナイボに行くよう児玉に命じられた。二五日にロシア人が橋船（伝馬船）で上陸し、番屋の者たちと接触したが、この日はそのまま帰船した。翌二六日ふたたび上陸し、一言の談合もなく鉄砲で脅しながら五郎治・佐兵衛ら五人に縄を掛け、ロシア船に連れて行った。ロシア船は、千葉と専太郎によれば二二日にナイボ沖に出現、大村によれば二二日にタンネモイ・ママイ沖、二三日にナイボ沖に出現したと書いている。

五郎治はロシア人上陸を二五、二六日としているが、関係者の記録を照らし合わせると一日ずれており、二四、二五日が正しいようである。捕虜としてロシア船中で認めた書状であったから、一日まちがったのかもしれない。後の『申上荒増』では二四、二五日の出来事としている。二五日にはロシア人が番屋に乱入して諸道具・衣類など奪取したあと、番屋・蔵をすべて焼き払った。このとき、専太郎によると、番人の他にアイヌ六人も連行されたが、「倭人」（和人）ではなかったので戻されている。ナイボから一里ほど離れたママイの小番屋も略奪・焼払われたとする記録があるが、詳しいことはわからない。

シャナ会所で、ロシア人の二四日ナイボ上陸の対応策が検討されたのが、翌二五日であった。幕府の詰合下役関谷茂八郎、盛岡藩の種市茂七郎・大村治五平らが急遽現地に派遣されることになり、同日シャナを瑞祥丸で出帆、また弘前藩の三橋養蔵らも図合船で出帆した。二六日フウレベツあたりに至ったところで、前日の乱妨事件の報が入り、シャナの警衛が大事と判断し引き返すことになり、二七日夜シャナに戻っている。

シャナ会所の動揺

四月二八日は、会所で幕府役人に盛岡・弘前両藩の勤番重役を交えての軍議となった。久保田の『北地日記』によれば、戸田又太夫・関谷以下の動揺ぶりは隠せない。久保田が大筒による打ち払いを主張すれば、関谷は盛岡・弘前両藩の少人数では無理という。玉薬不足ならば籠城して肝要の場でねらい打ちすべしと関谷がいえば、久保田は一戦も交えず最初から籠城とは聞いたことがない、会所は備えのある城ではないと言い返す。軍令の条項や合い言葉などさほど重要ではないことにいたずらに時間をかけるばかりであった。久保田の提案で竹槍をこしらえ、力戦の志ある番人・アイヌたちに持たせ、戦わせることが決められている。

この日、公儀人数と盛岡・弘前の両藩の勤番が三手に分かれていては防戦に不利なので、シャナの人数は全員、シャナ会所に集結した。武器の配置をととのえ、陣所などに幕を打ち回し、海岸・山手に篝火《かがりび》を焚き、終夜の見張りを厳重にした。

当時、エトロフ詰の最高責任者であった菊地惣内はあいにく不在であった。享和三年（一八〇三）一一月に盛岡藩北郡牛滝の沖船頭継右衛門らが乗った慶祥丸が下総銚子沖で難破し、翌年七月北千島のホロムシリ（パラムシル）島に漂着した。その後の経過は省くが、ラショア島アイヌのマキセンらの助力によって、文化三年（一八〇六）七月二日にエトロフ島のシベトロへ上陸できたのであった。菊地はこの漂民たちを箱館に送り届けるために、前述した改俗祝儀を執行したあと、辰悦丸に乗船し四月一九日にシャナを出帆したばかりであった。菊地はシャナにいれば全体を統率する立場にあり、運がよかったと揶揄《やゆ》されることにもなる。

千葉祐右衛門を重役とする盛岡藩の勤番、斎藤蔵太を重役とする弘前藩の勤番は五月に交代する予定で、帰国間近にして事件に巻き込まれてしまった。下役の関谷は江戸に戻ってウルップ島見分の命を受け、この四月五日にエトロフ島に到着したばかりであった。シャナに居合わせて事件に遭遇した人たちの名前は『閑叟記』によってある程度知られている。これまで登場してきたほかに、幕府役人としては、出役在住の平島長左衛門（前歴は伊賀の者)・児玉嘉内(江戸の飯田町火消同心)、地役同心の若林庄兵衛(八王子千人同心)らがおり、間宮林蔵の名もあった。在住の児玉などは妻子連れであった。会所雇では支配人の川口陽助(前述の寅吉が改名)、帳役伊藤行十郎以下、番人・鍛冶・船大工・江戸大工・南部大工などが越年していた。専太郎の話では、盛岡藩九八人くらい、弘前藩八五〜八六人、これに幕府役人など会所方を合わせると三五〇〜三六〇人(うち五人女)いたというが、新楽によると越年しないで国元にいったん帰った番人などもいるので、実数は三〇〇人にやや満たないぐらいであろうか。

ロシア船二艘とおぼしきものが二九日早朝シャナ沖合に見えはじめると、会所は大混乱に陥った。今度は会所の山手のほうに本陣をおくべしということになり、平場の笹竹・草を刈り払い、前面に幕を張った。そこへ火事場の避難のように、我先に諸道具を持ち運んだという。会所前の土手の上にも急ごしらえの矢切を板でつくり、旗などを建てて陣取っているようにみせかけた。連携がうまくいかず、本陣への水の汲み上げ、握り飯の炊き出しなどもはかどらなかった。江戸大工に仮地役を命じて鉄砲を持たせ、羽織を着用させたものの悪口たらたらでどこかへ逃げ去ってしまった。戦闘に巻き込まれたくないという庶民の気持ちが現れていた。ロシア人が上陸してくる前から統率が乱れていたのである。

戸田又太夫の自害

二九日午後になり、ロシア人の橋船三艘が会所川向かいのほうをさして近づいてきた。盛岡藩の千葉や弘前藩の斎藤らは、ナイボ事件があったので上陸前に大筒で打ち払うべしという意見であったが、戸田は上陸させたうえで面会し、多少の食料など与えても、穏便に退却してもらうのがよいと考え、支配人の陽助にその出迎え役を命じた（千葉『筆記』）。ロシア船に向かった陽助は鉄砲で股を撃ち抜かれ負傷し、陽助に付き添っていた珍平というアイヌが撃たれて即死した（『閑叟記』）。

この日上陸したロシア人は二三〜二四人、あるいは二五〜二六人などともいうが、川向かいの粕蔵を玉よけにして、車仕掛けの大筒を陸にあげて自在にうごかし、大筒・小筒ではげしく会所の方に攻撃してきた。面会のつもりで床机《しょうぎ》に腰掛けて待っていた陣羽織《じんばおり》姿の戸田・関谷らはシナリオが違ってすっかりあわててしまった。

鉄砲・大砲の撃ちあいのなかで、盛岡藩の火業師大村がどこへ行ったのかいなくなった。久保田によれば、草道を山中にこそこそと逃げ去ったのだという。合戦前には軍師気取りで威勢のよかった大村に対する風当たりは強い。児玉や盛岡藩医師高田立察などもいつのまにか姿を隠してしまった。粕蔵にたてこもったロシア人を鉄砲で負傷させたとか、盛岡藩の宮川忠作がロシア人一人を撃ち殺したとか、まちまちに書かれているが、ロシア船に拘束された大村は、これはみな取り繕いのための偽りだと非難していた。粕蔵が焼け、また弘前藩の陣屋も焼けたが、陣屋は弘前藩が自ら火を放ったものという。

上陸したロシア人は暮れになり本船に戻った。夜更けに戸田・関谷は千葉・斎藤を会所に呼び出し、今後の対策を話し合った。すでに囲いの玉薬がなくなり、鉄砲があっても合う玉がない状態では合戦ができない、シャナからアリムイ（アリモイ）へ撤退したいというのが戸田・関谷の意見であった。千葉・斎藤は玉薬不足では戦いはおぼつかないが、もう一日は踏みとどまりたいという気持ちであった。逃げ支度をする戸田・関谷の意見に結局同意し、夜が明けないうちにシャナを立ち退くことに決した。

アリムイからルベツに向かって半里ほどのところで夜が明けた。五月朔日の朝である。海岸通りを行けばロシア船に見つけられるかもしれないというので、熊笹や茨《いばら》の深く生い茂った山道を歩いた。道すがら千葉ら盛岡藩の者たちが先になり、戸田・関谷および弘前藩の者たちがやや遅れた。休息していても戸田の疲労困憊《こんぱい》ぶりは、同行していた久保田がおのずから「死相」あらわれたりと記すように、とくにひどかった。アリムイに立ち退いて反撃というシナリオがなしくずしになり、ルベツへの逃避行のなかで精神的にも行き場を失った戸田は、重責に耐えかねまもなく自害して果てたのである。

戸田の遺骸をそのまま山中に残して、この日のたそがれ時にルベツに到着した。関谷は我はどうしても自害しなければならぬと刀を抜こうとし、久保田らがこれをいさめるのに大変であったという。ルベツで敵と一戦すべしという関谷であったが、備えのあるシャナ会所を捨てて、武器ひとつないルベツで戦うのはできないということになり、夜中フウレベツに向けて出船、翌二日朝そこに着いた。そこで箱館に帰る者、現地に止まる者に分かれた。

炎上するシャナ会所

放棄されたシャナ会所に対するロシア側の攻撃・略奪は、五月朔日から翌日にかけて容赦なく行われた。交戦中逃亡したと非難される大村は、ロシア人の鉄砲の玉がかすり歩行できなくなったので、犬死にするよりひとまず引き退いたほうがよいと考えて、二九日暮れごろ、ひとり離脱し、会所から少し離れた川上で野宿したと、『私残記』で弁解している。結果的にシャナに残った大村によれば、翌朔日朝、夜明けとともに、ロシア人がナヨカのほうより上陸し、本陣にするために刈り払った所に大筒を三挺ほど設置し、下の会所に雨あられのようにはげしく砲撃した。会所に残っていた人たちはシャナの奥山サグベツのほうに逃げ去った。誰もいなくなった会所にロシア人が押し入り、武器、衣類・諸道具、米・大豆・醤油・酒などを奪い、幕府から盛岡藩に渡された新造船二艘で運び、本船に積み込んだ。

翌二日、大村はロシア人に出会い捕えられる。この日もロシア人たちが会所からめぼしい品物を運び出したあと、会所をはじめ盛岡藩の陣屋、諸蔵、小屋などに火をつけ焼き払った。弁天堂なども焼かれている。略奪・放火によりシャナ会所は灰燼に帰してしまったのである。事件後、会所は防備上の地形などからシャナを離れてフウレベツに移転し、シャナには番屋が置かれるだけとなった。

ロシア船がシャナ沖を立ち去ったのは、翌三日昼ごろであった。その後、ウルップ島に渡り、島の様子を見分したあと、カラフト、リイシリ（利尻）島などを襲った。昨年以来ロシア側の捕虜になってしまった、大村を含む一〇名のうち、アイヌ語に通じた五郎治・佐兵衛を除く八名がリイシリで解放された。シベリアに連れていかれた二人は脱走を企てるも失敗する。佐兵衛は脱走中に死亡したが、五郎治の方は文化九年（一八一二）、ロシアのリコルドの船でクナシリ島に戻ることができた。

逃げ去る日本人を笑う

シャナのアイヌたちは、この騒動をどのように見ていたのだろうか。アイヌもロシア船の接近を前にして会所に集まり、竹槍を渡され、あるいは弓矢を持って、防御に駆り出されていた。また、陽助に付き添ったアイヌが一人死亡したのは前述の通りである。しかし、ロシア人の攻撃がはじまり、幕府役人らの狼狽《ろうばい》ぶりによって指揮系統が混乱すると、アイヌたちはその場を離脱し、山中に避難してしまった。老人や女子なども山に入ったようである。

『蝦夷正史小記』によると、エトロフアイヌの気うけはよくなかった。幕府役人が品物を与えて、月代《さかやき》・髭《ひげ》を剃らせ、日本の名前をつけて「新シャモ」と呼んでいるのは、若者に好む者がいたにしても、老人は皆いやがっていた。また、アイヌ女性を差し出させて地役人の「妾」にしているケースには怒っていた。だから、アイヌはロシア人を防ぐことをせず、かえってロシア船に図合船で米・酒を運送してやるほどで、日本人はなぜロシア人を追い散らさずに逃げ去ったのか、笑う始末であった、というのである。

アイヌが日本人を襲って殺すということもあった。『太田広治筆記』によると、番人二人とアイヌ三人が一緒に逃げ、熊笹のなかに隠れているとき、アイヌがにわかに心変わりして、シャモがこの国にきたからこんな乱にあうのだとして、一人の番人を切り殺した。もう一人も負傷して逃げたという。『閑叟記』にも、支配人陽助の倅《せがれ》川口与太郎がアイヌのために手負いとなり、また陽助子分の番人で船掛の喜惣次が殺されたと記されており、右の筆記と同一の出来事をさしているものだろう。

また、フウレベツに退去してきたとき、泊まっている小屋を、たくさんのアイヌたちが弓矢を持って囲んでおり、皆殺しにあうのではないかと殺伐な雰囲気が漂っていた。関谷茂八郎がいろいろ言葉を尽くして、ようやく納得し、立ち去ったのだという（千葉『筆記』）。こうした、断片的な記述から、アイヌの人たちがエトロフの日本人に対して必ずしも信頼を寄せておらず、事件のなかでほころびを見せていたといえるだろう。アイヌの蜂起を誘発しかねない可能性を孕《はら》んでいたとみておきたい。

防備隊の派遣と奥羽大名

箱館奉行の報告

箱館奉行にロシア船によるナイボ（ナイホ）番屋襲撃を伝える戸田又太夫の書状が届いたのが文化四年（一八〇七）五月一四日（翌日江戸へ上申）、またシャナ会所襲撃と戸田又太夫の自害などを伝える関谷茂八郎の書状がもたらされたのが五月一八日である（『休明光記』）。五月二日、フウレベツで箱館への注進役を買ってでた久保田見達が、その著『北地日記』に書いているところによると、現地に残った関谷の名代として地役・番人らを引率し、箱館に到着したのが五月一八日の夕方であったから、この一行が関谷の書状を奉行所に届けたとみてよいだろう。しかし、関谷の書状だけでは事実がよく判明しなかったので、当時エトロフ島から箱館に戻っていた菊地惣内、およびエトロフ経験の長い山田鯉兵衛が右の帰還者たちからロシア船の乱妨事情を問いただし、幕府への届書が作成された。これが五月一九日に幕閣へ差し立てられ、シャナ事件に関する最初の箱館奉行の報告となった（『休明光記付録』）。

この報告が描き出したシャナ事件の輪郭はおよそ次のようなものであった。二九日昼、ロシア大船二艘が会所前浜に押し寄せ、一度に大勢が上陸してきたので地役および盛岡・弘前両藩の勤番が大筒・小筒で打ち払ったが、相手も数挺の大銃で攻撃してきたので撃ち合いの「戦争」となった。支配人陽助が内股を撃たれて負傷したものの、他に怪我人は出なかった。上陸してきたロシア人は七〇〇人ほどで、日本側の総勢二三〇人、といっても弘前藩のシベトロ派遣人数を除くともっと少ない人数で応戦せざるをえなかった。ロシア人を五〜六人ほど撃ち殺したが、会所の裏手へ回り火を放ってきたので防戦かなわず、会所を立ち退き、一同ルベツ番屋に引き取った。その後戸田も引き払ったが、ロシア人が追いかけてきたので、万が一役人が相手の捕虜になるならば外国に対して外聞にもかかわり残念なので、退去途中に自害した、と。

大村が『私残記』のなかで、事件当事者たちがルベツで取り繕いの相談をしたと書いているが、多勢に無勢のなかでよく戦ったが、抗戦しきれずやむなく退却、あるいは敵の捕虜にならないための戸田の自害という言い訳は、責任逃れのつじつま合わせといってよいものであった。その後、ロシア船に拘束され、リイシリ（利尻）で解放された番人七人（源七他）および大村治五平が、六月二八日、箱館に到着してくるに及んで、事実関係がずいぶん食い違っていたことが暴かれてしまう。ロシア船二艘に乗っていた人員は六四人程度にすぎず（『私残記』）、七〇〇人とは大きくかけ離れていたし、少人数で勇敢に応戦したというのも、戸田がロシア人に追いかけられたというのも、前述したように事実とはいいがたい嘘が含まれていたからである。したがって、箱館奉行や幕閣は、当初実際以上に事件を大きく見て対処したという側面は否めない。

このようないわば虚偽の報告をしてしまったことが、箱館に特派されてきた若年寄堀田正敦《まさあつ》らに知られるところとなり、やがて箱館奉行羽太正養《はぶとまさやす》以下、エトロフ関係役人が罷免される原因となった。一〇月二四日に箱館奉行が松前奉行と名称を変えるが、江戸に戻った正養は一一月一八日松前奉行罷免、小普請《こぶしん》入り逼塞《ひっそく》を命じられた。会所を立ち退いたエトロフ詰合に対する監督不行届、幕閣への虚偽を含んだ報告が罷免の主な理由とされている。

また、山田鯉兵衛は初発以来勤めていながら備向きをおろそかにし、事件に関して相違の申し立てをしたとして、役儀召し放ちのうえ御目見《おめみえ》以下小普請入り押し込め、戸田は会所を立ち退き自殺したとして宛行《あてがい》および屋敷没収、関谷・児玉は会所立ち退き未練の始末であるとして重追放となった。菊地惣内は事件の後始末の責任者としてエトロフ島に渡った。そのため、翌文化五年（一八〇八）六月に江戸へ到着したが、備え向きなおざり、および箱館における相違の申し立てを理由に、山田と同様の処分となっている。現地役人のその場しのぎの取り繕いが、箱館奉行の罷免にまでつながってしまったのである。

増人数・臨時人数の出兵要請

シャナ事件の知らせを受けて箱館奉行が即座に対応したのは、警備隊の増派であった。エトロフ乱妨の次には大勢でクナシリ・ネモロ・アッケシを攻撃してくるのではないかというエトロフからの帰還者たちの話であったから、エトロフ島のことは力及ばないとしてもロシア人を蝦夷地に立ち入らせてはならないと判断し、箱館に詰める盛岡・弘前両藩の役人を呼び出し、増人数の派遣を促した。また、両藩の人数では不足するかもしれないので、秋田藩および鶴岡藩に対しても、臨時人数催促の書簡を五月一八日付で認め、早馬で至急送っている（『休明光記』『休明光記付録』）。

秋田藩に援兵要請の書簡が届けられたのが五月二四日、その翌日から人数の出張が開始され、五九一人が箱館に到着した。鶴岡藩には二六日に書簡が届き、六月朔日より出張し、三一九人の派遣となった。いっぽう、定式二五〇人の他に増人数の派遣を求められた盛岡・弘前両藩の場合であるが、盛岡藩には二六日に書簡が着き、六月五日より出張、増人数九〇〇人、弘前藩には二二日に書簡が着き、翌日より出張、増人数六九二人の派遣であった。とくに秋田・弘前両藩のすばやい対応ぶりが目立っている。

定式を含め総勢約三〇〇〇人の防備隊の配置は、箱館に盛岡藩三四二人、秋田藩五九一人、サハラ（サワラ）に見張りとして盛岡藩三〇人、ウラカワに盛岡藩一〇〇人、アッケシに盛岡藩一三〇人、ネモロに盛岡藩一三〇人、クナシリに盛岡藩三八〇人（二八〇人か）、松前に盛岡藩一三〇人、弘前藩三三〇人、鶴岡藩三一八人（他に病死一人）、エサシに弘前藩三〇〇人、ソウヤに弘前藩二三〇人、シャリに弘前藩一〇〇人、という内訳であった。箱館・松前の本拠を固め、オホーツク沿岸から道東にかけて防備線を展開するというかたちであるが、東蝦夷地の要所も押さえようとしていたことがわかる。

東北大名への増人数・臨時人数の出兵要請が、江戸の幕閣からではなく箱館奉行から直接出されている点はどう考えたらよいだろうか。箱館奉行の職務は、同奉行に対して発給された黒印状および下知状に規定されている。享和三年（一八〇三）の下知状によれば、異国船が不慮に着岸して不義の働きをなし、防備人数が必要とされたさいには、盛岡・弘前両藩に命じて人数を派遣させ、箱館勤番の人数に加えてよいとされている。シャナ事件はそうした事態にまさに該当しているが、この規定からすれば箱館奉行の独自の判断で盛岡・弘前両藩に増人数を要請することは可能であろう。しかし、秋田・鶴岡両藩に対して臨時人数を要請できると読むことはできない。

羽太が秋田・鶴岡両藩に宛てた五月一八日付文書には、盛岡・弘前両藩の勤番人数で不足の場合には「向寄」（近所の意）の大名にも要請する旨以前から伝えてある、また寛政三年（一七九一）の書付の趣旨もあるので、このたび箱館奉行からお願いすることになった、と記している。前段についてはいつどのような指令がなされていたのか明らかにできないが、後段の寛政三年書付はおそらく異国船漂着のさいの対応原則を定めた寛政三年九月令をさしているのだと思われる。寛政三年令は、厳重な対策が早急に必要なときには「向寄」領分に知らせて人数・船などを出させることができる内容であった（『御触書天保集成』）。幕閣の許可を得なくても支援要請が可能である点が、羽太がこの法令を引き合いに出した理由であろう。明確な法的根拠としてはこれくらいしかなかったのかもしれない。もちろん、羽太は両藩に出兵要請した旨、ただちに江戸に知らせたのはいうまでもない。

堀田正敦らの派遣

幕府は六月朔日、松前表警固のため仙台藩に五〇〇人ほど、秋田藩に三〇〇人ほどの人数を用意し、箱館奉行の催促を受けしだい出兵するよう命じた。また、八戸藩に対しても六月四日出兵を命じ、箱館奉行の指示を受けるよう達している（『通航一覧』）。箱館奉行による出兵要請の報告と、要請に応えた秋田・鶴岡両藩からの出兵の報告がこの前後に幕閣にもたらされ、幕府はそれを追認しているが、幕閣としては仙台藩を加勢の中心と考えていたようである。

それは六月六日、若年寄堀田摂津守正敦（近江堅田藩主）に蝦夷地異国船来着の見分として松前派遣を命じたことにも表われている。堀田は近江堅田藩主であるが、仙台藩の伊達家から養子に入った人物（伊達宗村八男）で、当時の仙台藩主伊達政千代の叔父にあたり、長期にわたって若年寄を勤めていた。その堀田を総督として派遣するならば、奥羽の最有力大名である仙台藩の家臣も、堀田の指図によく従うだろうという判断が働いていた。堀田の派遣は、エトロフ来寇《らいこう》事件に対してだけでなく、松前藩の転封で動揺する現地の状況視察という面もかねていたのはもちろんである。

堀田の一行はその家老以下総人数三三六人（三三七人とも）で、大目付中川飛騨守忠英《ただてる》が堀田の差し添えとなった。このほか目付の遠山景晋《かげみち》（左衛門尉）、使番の小菅正容《まさかた》（猪右衛門）・村上義雄《よしかつ》（監物）らも相前後して蝦夷地御用の命を受けている。小普請方となっていた近藤重蔵もこのとき派遣され、西蝦夷地のソウヤまで赴くことになる。堀田は六月二一日江戸を立ち、七月二六日箱館に渡り、宿所高竜寺に入った。東蝦夷地のウス（有珠）までの巡見を済ませて松前へ行き、江差を見回った後、九月一二日松前を出帆した（『休明光記』、堀田正敦『松前紀行』）。前述のように、シャナ事件の実情が幕府報告とはかなり食い違っていたことが堀田らに知られてしまうわけである。

文化五年の出兵と勤番隊の犠牲

文化四年（一八〇七）には仙台藩の出兵はなかったが、翌五年には秋田・鶴岡両藩に代わって、仙台藩・会津藩が動員された。仙台藩は文化四年一一月三日に、会津藩は同年一二月二二日にそれぞれ来年正月中の出立を命じられている。同五年二月に松前奉行（戸川・河尻・村垣・荒尾の四人）が決めた蝦夷地固人数の配置によると、エトロフ島仙台藩七〇〇人、クナシリ島仙台藩五〇〇人、ネモロ盛岡藩一〇〇人、ホロイヅミ盛岡藩五〇人、サワラ盛岡藩一〇〇人、箱館仙台藩八〇〇人、カラフト会津藩七〇〇人、シャリ会津藩六〇〇人、テシホ・ルルモッペ・マシケ弘前藩五〇人、熊石弘前藩一〇〇人、松前会津藩三〇〇人、の内訳で、他に幕府役人だけを派遣する所もあった（『通航一覧』）。

この配置は一応の基準であるので、実際の派遣人数とは少しずれがあるが、東蝦夷地側のエトロフ島・クナシリ島・箱館を仙台藩、西蝦夷地側のカラフト・シャリ・松前を会津藩の担当とし、仙台藩と盛岡藩、会津藩と弘前藩を組み合わせた布陣となっている。エトロフ島・クナシリ島に派遣された仙台藩の人数は、五年一月の書き上げではエトロフ島が御備頭日野英馬以下六二三人、クナシリ島が御備頭高野雅楽以下五二三人となっていた。

文化四年から翌年にかけて越冬した防備隊、およびそれと交代するために派遣された文化五年の防備隊では、少なからぬ人命を奪われたことが知られている。戦闘ではなく、栄養不足によって生ずる腫病、紫斑病によってつぎつぎに倒れ、シャリの弘前藩、クナシリ島の盛岡藩および仙台藩がとくにひどかった。仙台藩の場合、クナシリ島派遣で八〇人余、エトロフ島派遣で三〜四人が死亡したとする記録があり、アッケシの国泰寺、箱館の浄玄寺の過去帳にその名を見ることができる（村上直・高橋克弥編『文化五年仙台藩蝦夷地警固記録集成』）。

エトロフ島襲撃事件がほぼ終息した文化五年（一八〇八）一二月、盛岡藩・弘前藩は松前・箱館および蝦夷地に勤番人数を多く派遣し、格別の勤功があったとして格直し加増が認められた。盛岡藩はそれまでの一〇万石が二〇万石に、弘前藩は文化二年（一八〇五）

に四万六〇〇〇石が七万石に加増されたものがさらに一〇万石に引き上げられた。むろん、領地が増えたわけではなく、名目的な加増にすぎない。宿願の家格上昇に大名としての面目を大いに満足させたといえるが、幕府に対する軍役負担もそれに応じて増えるわけで、松前藩転封後は両藩で松前地・蝦夷地全域の警備を担当させられることになった。盛岡藩に百姓一揆が多発したのは、蝦夷地警備の人的・財政的負担が重くのしかかっていたためである。

事件の波紋

飛びかう風説・雑説

文化四年（一八〇七）のエトロフ島事件を書き記した日記・記録類は、短い記事のものまで含めれば日本全国にひろまって数多くあるだろう。事件の情報は、現地の事件関係者の狼狽《ろうばい》と自己弁護にはじまって、箱館奉行の幕閣への報告にも誤りが含まれ、結果的には過剰とも思える対応を招いていたように、真相がよくわからないままに一人歩きした。実際以上に事件が誇張・拡大されて伝わり、流言蜚語《ひご》の類が多く含まれ、いたずらに危機感をあおるものが少なくなかったといえよう。

国学者である平田篤胤《あつたね》は事件後に、この事件に関する公私の文書を多数集めて『千島の白波』（『新修平田篤胤全集』補遺五、『北方史史料集成』五）と題したように、並々ならぬ関心を寄せていたが、これにはエトロフ島で直接事件に巻き込まれた当事者たちの報告・証言の他にも、箱館詰の幕吏が書き送った書状、仙台藩・薩摩藩・若狭藩など藩による風聞探索書、蝦夷地寺院の本寺への報告、松前町人あるいは松前出店の商人が発した手紙、回船船頭がもたらした情報などが含まれている。幕府ルートにとどまらない、さまざまな情報の回路が存在していたことになろう。

情報の流れは事件の性格からいって江戸に集中したといえるが、京都の洛中洛外でも、文化四年六月ごろすでに、蝦夷地へ異国船が上陸し狼藉に及んだとして、取りとめない「異説」がさまざまにとなえられていた（『京都町触集成』八）。京都町奉行はこれを不埒《ふらち》だととらえ、「浮説」を言い立てた者を処罰すると、情報統制に乗り出したのである。江戸に劣らず、京都もまたエトロフ島事件の噂でもちきりであったことを示している。

近江国蒲生郡鏡村（滋賀県竜王町）の『玉尾家永代帳』に、異国船のカラフト・エトロフ島襲撃の報を伝える書状が六月一七日に敦賀から大津に届いたとして、その内容が記されている（『史料館叢書』一〇）。エトロフ島が異国船に乗っ取られ、クナシリ島に陣取った日本勢との間で砲撃戦があり、クナシリ島の日本勢はアイヌを含め七〇〇人ほどが打ち殺された、などという虚報を含んでいた。

『敦賀市史』史料編一にも、異国船より三〇〇人ほどがシャナに上陸して交戦し、日本勢がクナシリ島に退却した、などという風聞覚《おぼえ》が収録されている。『千島の白波』にも松前人が敦賀の知音《ちいん》（友人・知り合い）に送ったという書状がみられる。これらの情報は江戸経由ではなく、いずれも日本海ルートの松前と敦賀を結ぶ廻船によってもたらされたものであろう。畿内の産業・消費は鰊〆粕《にしんしめかす》・昆布など蝦夷地産物と密接に結びついていたから、むしろ江戸よりはやく異変が伝えられたとみていいかもしれない。

江戸への情報は幕藩権力が主要にかかわっていたのに対して、京都・大坂など上方への情報伝達は商人・船頭による全国流通経済のネットワークという性格がつよく、それだけに根も葉もない噂・憶測が飛び交いやすかったと思われる。文化四年（一八〇七）六月二九日、幕府方の禁裏付が朝廷方の武家伝奏に対して、「蝦夷魯西亜《ロシア》船一件」に関する幕府情報を伝えたことが注目されているが（藤田覚『幕末の天皇』）、浮説によって朝廷方が動揺しないよう正確な情報を与えておく必要性を京都所司代が感じての指示であったといえようか。

落書による揶揄

事件への対応ぶりや関係者を揶揄《やゆ》・風刺する、川柳、狂歌、漢詩、俗謡の替え歌、浄瑠璃《じようるり》や芝居をもじった替え文句、売薬の効能書き、なぞなぞなど、皆がよく知っている定型にあてはめた匿名の落書《らくしょ》の類がたくさん作られている。『藤岡屋日記』『文政雑説集』『巷街贅説《こうがいぜいせつ》』、あるいは矢島隆教編『江戸時代落書類聚』などのなかに、たとえば、「郎中庵御列座小田原評」「異国物大はやり」「堀田大からくり」「井田氏家伝鉄炮御丸薬」（「火伝鉄炮御丸薬」）、「堀田摂津守五大力」「忠臣蔵九段目見立文句」「外国舞（＝大黒舞）」「丸づくし」「流行いたこぶし」「蝦夷鹿子《えぞかのこ》むだ手道成寺」「剣るぼし」「戻り米挨拶」「やくはらひ」などと題した落書が収められている。

いくつか紹介するにとどめておきたいが、落首の「蝦夷のうらにうち出《いで》見ればまごつきの武士のたわけのたけもしれつゝ」（あるいは「蝦夷の浦に打出て見ればうろたへの武士のたわけのわけのわけもしれつゝ」）とは、『万葉集』の有名な「田子の浦……」の和歌をもじったものだが、エトロフ島の幕吏らの狼狽《ろうばい》ぶりをあざけっている。「遠近《おちこち》の江の字尽しの江らい事江ぞに江とろふ江戸に江いたい」というのは、文化四年（一八〇七）八月富岡八幡宮祭礼のさい、群集のために永代橋の橋桁が崩れ落ち多数の死者が出た事件と、エトロフ島事件とを重ねて詠んだもので、「打死《うちじ》にと落死《おちじ》にをする海と川えぞは箱館江戸は箱崎」も同様の趣向である。箱崎は永代橋がかかっている土地の名である。

また、「見る中にさしたる戸川《とがわ》なけれども羽太《はぶと》をぬいで蝦夷へ降参」（あるいは「此度《このたび》は箱館奉行戸川なく羽太をぬいて蝦夷へこうさん」「奉行に戸川なけれども羽太をぬひてこうさんをしろ」）というのもわかりやすくて、よく知られている落首であろう。戸川＝咎《とが》は、羽太＝兜《かぶと》を意味して、箱館奉行の戸川・羽太の両名がこの事件の責任を取って失脚したことをさしているのはいうまでもない。

右にあげた「鉄炮御丸薬」は、売薬の宣伝文句を借りた落書で、傑作といってよいできばえであろう。諸書で若干字句の違いがあるが、書き出しに「夫病《それやまい》の源《もと》は虚に生るゆへに、北面に変を生じ、交易の虫湧出て、常に米を好み、尤寒気に閉られ、道ひらけざるがゆへに、自然とゑど六腑を悩せ、久名尻の辺より蝦夷のあたりをいため……」（『文政雑説集』）と、交易を拒絶されたロシアを、「ゑど六腑」すなわちエトロフや、クナシリをおびやかす「交易の虫」になぞらえている。

また、「ゐぞの辺に羽太といふ虫ありて、其《その》色飽《あく》まで青《あおく》して土の如《ごと》し、是が為に堀田々々とせき立《たて》、飛驒々々につかれ多く、或は金四病又ハ大腸の病を生じ、末は小官を引出す」（『巷街贅説』によると、「又は大学の病ひを出し、末は小菅《こすげ》を煩ひ出す」）の箇所では、羽太＝箱館奉行羽太正養《まさやす》、堀田＝若年寄堀田正敦《まさあつ》、飛驒＝大目付中川飛驒守、金四＝目付遠山金四郎、大学＝使番村上大学、小菅＝使番小菅猪右衛門といった、事件関係者を巧みに取り込んでいる。そして、この病を癒すには「南部散、佐竹散、津軽散」の三つを不断に用いればよいというのである。蝦夷地防備に動員された奥羽大名の軍役＝鉄砲が丸薬の役割を与えられている。

落書ではないが、文化六年に大坂で筆禍《ひっか》事件が起きている。宮武外骨《みやたけがいこつ》（廃姓外骨）の『改訂増補筆禍史』によると、合巻一〇冊仕立ての『北海奇談』（『北海異説』）という読本の著者、曾根崎町の「南豊事永助」（南豊亭栄助）なる者が、ロシア来寇事件について幕府重役の名前を出して、事実無根のことをあれこれ実事のごとく書いたとして捕まり、引き回し獄門となっている。そのネタは、無宿の講釈師秀弘から講釈の素材にと貰った書面で、それが講釈になりがたいので読本にして貸本にすればと思い、いろいろな風説や人から借りた書き留めなども使って実録風にまとめたものであった。外交・戦争にかかわることだけに、幕府はエトロフ島事件の風聞についてかなり神経過敏になっており、このような弾圧を見せしめ的に行ったのだといえよう。

日本国の大恥

エトロフ島事件が与えた衝撃とはどのようなものであったのだろうか。

箱館奉行支配として箱館に在住していた田中伴四郎は、日本が開けて以来他国の人に負けたことがないこの国にあって、シャナ会所を放棄して逃亡したエトロフの「大敗」を「日本国の大恥」であると受けとめ、戸田又太夫の自殺を「死ても死様悪しき故、何にもならす犬死」であるとこきおろしている（『千島の白波』）。「ウツカリヒヨントシタ」戸田ら幕吏のふがいなさに落胆し、国家的な自尊心がいたく傷つけられたことに憤慨したのであった。似たような心情は、「ヲロシヤハ腹ヲタチツテト……日本ハ恥をカキクケコ」と揶揄した落書（『藤岡屋日記』）などにもかいまみることができよう。

知識人のなかには兵学者平山行蔵の上書のように、無頼の族、盗賊博徒の者、あるいは罪を免じた禁獄の者を集めて「軍兵」となし、一〇〇〇人ほども蝦夷地に派遣して防御にあたらせれば、「蛮夷を以て蛮夷を攻る」にあたり、ロシア人を「擒《とりこ》」とすることができると（『休明光記遺稿』）、ロシアに対する排斥・撃退意識を露骨に表明する者も少なくなかった。しかし、性急なロシア敵対で世論が凝《こ》り固まったわけでは必ずしもなかった。杉田玄白《げんぱく》にあってはロシアとの交易を許すべしという（『野叟独語』）。まともに戦わずに敗走したというシャナ事件の噂が本当ならば、今弱兵をもってロシアに立ち向かい大敗することこそ、国威が衰え末代までの恥辱となる。そうなるよりは、カムチャツカに使者を派遣して事を荒立てないように対話問答し、ひとまず交易を許して穏便に事態を収拾し、その間に軍兵を調練して後日の合戦に備えるべしという主張であった。

幕閣内部においても、文化四年（一八〇七）一二月ロシア船打払い令を出したものの、事件後松前奉行となった川尻春之・荒尾成章の上申書にみられるように、打払いのうちに和を含め、和談の奥に刃を持って和睦の道をさぐり、ロシア側が非を認めて詫びてくるならば交易を許してもよい、という判断に傾いていた（『休明光記遺稿』）。幕府から意見を求められた松平定信も、武威のかたちがつけば交易を容認してもよいとする考えで（藤田覚「文化三・四年日露紛争と松平定信」『東京大学史料編纂所研究紀要』六）、松前奉行の主張に近かった。幕府は、ロシア船がリイシリ（利尻）島で解放したカラフト番人源七に認めさせ送ってきた手紙に応えるかたちで、狼藉《ろうぜき》を謝罪したうえで交易の願いを出すべしとする内容の返書を作成し、松前奉行に指示したが、文化五年にロシア船が渡来しなかったので相手に渡されなかった。

エトロフ島事件の受けとめ方には地域差も大きかったようである。文化四年（一八〇七）五月一八日、津軽の鰺ヶ沢に入津《にゅうしん》した竜徳丸船頭吉五郎の後日談によると（『千島の白波』）、鰺ヶ沢・八戸・三厩《みんまや》辺の漁師、百姓、町人たちは、今にもオロシヤが攻めてくるのではと、家財道具をしまい所縁を求めて立ち退く用意をはじめていたという。五月初めに薪水を補給して長崎を出帆したアメリカ船が日本海を北上し、このころ松前・箱館沖に出現したので（『通航一覧』）、異国船がロシア船に間違われて緊張が走ったことも影響しているが、「今来た、それ来た」と北奥の人々の恐怖心はいやでも高まっていた。各船の船頭たちが集まって、いろいろ情報交換し、事態の成り行きを把握しようとしていたことがわかる。

吉五郎は江戸表でもさぞかし大騒ぎしているだろうと、船中で想像して江戸に戻ってみると、予想外に静謐《せいひつ》であったのに驚いている。将軍のお成りがあり、花火・涼船のにぎにぎしき様子を見て、津軽・南部の奥筋の様子と大違いだというのである。たしかに落書などを見ても、そこから現実の恐怖感や危機意識を感じ取るのは難しく、幕府の失態などを面白がって揶揄しているという側面のほうがつよい。江戸の知識人・支配階級の一部には、エトロフ事件が国家的恥辱として受け止められ、ロシアを打ち払うべしという強硬意見がないではなかったが、大方の人々にとっては蝦夷地の奥のエトロフ島という僻遠《へきえん》の地での出来事を身近な事件として自覚するには、まだ相当の乖離《かいり》があった。

とはいえ、エトロフ島の名がこの事件をきっかけに一躍有名になったことも確かである。一般民衆の意識にまで浸透して、異国境の島としてのエトロフ認識を日本人がはっきり持てるようになったのは、おそらくこの事件を通じてのことであったろう。

変容するエトロフ島

商人の漁業経営

高田屋嘉兵衛の場所請負

エトロフ場所は寛政一二年（一八〇〇）の新規開発以来、直捌制《じきさばきせい》といって幕府役人が直接経営にあたってきたが、文化七年（一八一〇）これを商人の請負制に改め、エトロフ航路を開いた功績により高田屋嘉兵衛《かへえ》に請け負わせている。東蝦夷地の他場所では文化一〇年から場所請負制になったのと比べ、一足早い転換であった。嘉兵衛は箱館大町に店をおき、蝦夷地定雇船頭、蝦夷地産物売《うり》捌《さばき》方などとして幕府の蝦夷地政策に食い込み、一躍豪商にのしあがった人物である。運《うん》上金《じょうきん》はエトロフ産物一万石積もりとして一〇〇〇両であったという（『原始謾筆風土年表』）。二〇〇〇両の運上金とされたときもあったようだ。

文化八年（一八一一）、オホーツク海沿岸を測量調査中のロシア軍艦ディアナ号艦長ゴローニンが、クナシリ島トマリで幕吏に逮捕されるという事件が発生した。ラショア人のオロキセ（アレキセイ）がディアナ号に乗船していた。ゴローニンがエトロフ島アトイヤに薪水・食料の補給のために寄港したさい、前年エトロフ島に来航したラショア人がたまたま調役下役石坂武兵衛によって同地で放還されるのに遭遇し、オロキセを水先案内として乗り込ませたものであった。石坂は調役深山宇平太《うへいた》宛の添状を持たせて、フウレベツで薪水・食料の供給を受けるよう指示したが、風向きなどがよくなかったのでクナシリ島に回ったのだという（『通航一覧』）。嘉兵衛は、このゴローニン幽囚事件に巻き込まれ、翌九年八月一四日、観世丸でエトロフ島から箱館に戻る途中、クナシリ沖でロシア船に捕まってしまった。嘉兵衛の尽力で翌年ゴローニンが釈放されたのは著名な史実に属している。

嘉兵衛は、文政元年（一八一八）健康を害し郷里の淡路島に帰っていたが、文政五年に隠居し、弟の金兵衛を養子にして跡目を継がせた（『北海道開拓功労者関係資料集録』上）。その金兵衛の雇船栄徳新造（船名）が、天保二年（一八三一）シャマニ沖でロシア船と出会ったさいの合図のやりとりが、密貿易をしたとの疑いをもたれ、翌年金兵衛（箱館大町家持）および船頭・表役の三人が入牢となり取り調べを受けた。当時、高田屋はエトロフ島・ネモロ・ホロイヅミの三場所を請け負っていたが、事件が落着するまで、文政四年松前・蝦夷地一円に復領した松前藩の直支配とし、林七郎兵衛、浜田屋兵四郎をエトロフ島差配方箱館用達に命じている。取り調べによって密貿易の事実は認められなかったものの、天保四年持船をすべて没収され、箱館・蝦夷地から撤退せざるをえなくなった。

このような突然の没落であったので、高田屋のエトロフ場所の経営についての史料はほとんど残されていないが、没収手船が船留《ふなどめ》される直前の航路から、その勇躍ぶりをおよそ知ることができる（『通航一覧続輯』）。たとえば、蛭子丸（八六五石余、沖船頭南部川内市左衛門）はエトロフ島へ下ってエトロフ産物を積んで箱館に荷揚げしたのち、塩など積み入れてネモロに下った。浮悦丸（一三五一石余、沖船頭塩飽《しわく》徳右衛門）は、エトロフ島へ下り鱒粕《ますかす》・塩鱒を積んで大坂へ上り、エトロフ下し物の塩その他を積んで兵庫出帆、箱館へ下りネモロ下し物と積み替えて箱館を出帆、ネモロで鱒粕など積んで箱館に戻り、エトロフ下し品の米塩など積んで出帆、エトロフ島に下り同所の産物を積んで箱館に入津した。太神丸（六二一石余、沖船頭津軽平館喜兵衛）はエトロフ島へ仕入品を積み下り、鱒粕など積んで箱館に戻った。重孝丸（九九一石余、沖船頭雲州本庄幸蔵）の場合はネモロへ下り秋味を積んで江戸に直颿《じきばしり》しようとしたところ船留されている。

これら数艘の手船の動きをみるだけでも、高田屋は箱館に拠点をおいて、請負場所の鱒粕・塩鱒・秋鮭を主体とした産物を大坂・兵庫・江戸に運んで売却し、三都に直結する遠隔地間交易をつくりあげていたことがうかがわれる。これを反映して、手船の乗組員の出身地も広範な地域に及んでいる。沖船頭の出身地は、右にあげた他には、大栄丸―讃州塩飽、順栄丸―津軽深浦、大黒丸―津軽平館、広運丸―讃州粟崎、大福丸―箱館大工町、広吉丸―讃州塩飽となっている。大坂・江戸航路を乗り回すため手慣れた塩飽の者が比較的多い。しかし、箱館・津軽・南部の出身者もみられ、箱館・蝦夷地間の航路に主に従事したものであろう。船頭以外では、箱館・津軽・秋田・南部・越後・加州・越前・摂州・讃州・芸州・周防・長州・雲州・伊豆大島・伊豆八丈島の者たちが雇われていた。

場所請負人の変遷

高田屋金兵衛一件が決着したため、天保四年（一八三三）六月、林七郎兵衛・浜田屋兵四郎によるエトロフ差配が免じられた（『町年寄日記抜書』）。そして、この年より七年間、右の林とともに、同じ箱館の中村屋新三郎、および松前の関東屋喜四郎の三人名前で、エトロフ場所をホロイヅミ場所と合わせて請け負っている。両場所で五〇〇両の運上金であった。なお、ネモロは藤野喜兵衛の請負となった。

ところが、中村屋新三郎・関東屋喜四郎はエトロフ・ヤムクシナイ両場所の仕込金に差し支え、天保五年三月に関東屋新左衛門・伊達寿助（林右衛門父）が証人となって、江戸の木村屋甚兵衛から一〇〇〇両を借用した。元金二〇両につき一ヵ月金一分の利息を加え、同年九月までに返済する約束であった。しかし、返済に滞り、元利一一五〇両のうち三〇〇両を翌年春返済して、改めて八五〇両の借用証文を取り交わした。両場所の出産荷物を中村屋の手船で江戸の四日市干肴問屋越後屋新七に差し向け、その売り捌き代金をもって元利返済にあて、不足の場合には手船も売却するというものであった。この約束も破られ、手船で江戸に運んだ塩鱒八万本が小舟町干肴問屋榎坂屋卯兵衛方に水揚げされ売られてしまった。これが幕府への公訴事件となって解決が長びき、証人の伊達林右衛門が借金を返済するはめになっている（伊達家文書『日記』）。

このような不如意《ふにょい》があってか、天保八年（一八三七）一一月、藤野喜兵衛・岡田半兵衛・西川准兵衛の三人がエトロフ場所の請負を命じられ、一〇〇〇両の運上金で翌九年から経営にあたった。ただ、これも仕入れが嵩《かさ》んだため、わずか四年間で、年季中途の天保一二年請負の返上に追い込まれている。藤野らに代わって翌一三年から請負を引き継いだのが伊達林右衛門・栖原《すはら》仲蔵の組み合わせであった。

伊達屋は奥州伊達郡貝田村の出身で、寛政五年（一七九三）本家伊達浅之助の支店として松前に開業（『北海道開拓功労者関係資料集録』上）、いっぽう栖原屋は紀州有田郡栖原浦の出身で、天明五年（一七八五）松前に進出している（田島佳也「北の海に向かった紀州商人」『海と列島文化』一）。両家とも場所請負に乗り出していくが、幕府の蝦夷地直轄時代に御用聞町人に取り立てられて以来、屈指の富商に成長した。エトロフ場所を請け負った九代伊達林右衛門は、幕末には松前藩の勘定奉行格ともなっている。伊達・栖原コンビによる共同請負はエトロフ場所のほかに、北蝦夷地（カラフト）場所、ヤムクシナイ場所などがある。カラフトやエトロフの漁場経営は遠隔地であることなどから、リスクを少なくするために共同請負形式が取られたものであった。

両家によるエトロフ場所請負は、以後幕末の仙台藩分領時代を含め、幕府倒壊後の明治二年（一八六九）場所請負制の廃止まで続いた。その後も漁場持ちの名目でエトロフ島などの漁場に共同で関与したが、伊達屋はやがて漁場から手を引き、明治九年（一八七六）初めに栖原屋に経営の一切を譲り渡してしまう（田中修『日本資本主義と北海道』）。明治九年に漁場持制度が廃止されるが、栖原屋はエトロフ島での漁場経営を続け、またウルップ島での漁場開発を新規にすすめ、鮭鱒の缶詰製造や人工孵化に乗りだしていった。

エトロフ場所の漁業経営

東蝦夷地の各場所の運上金を比べてみると、文政三年（一八二〇）では、ネモロ場所三六〇〇〇両、エトロフ場所二〇〇〇両（ただし、不漁により一〇〇〇両に減額か）、アッケシ場所一三七五両二朱、クナシリ場所一三五〇両、他場所はいずれも一〇〇〇両以下である。また、天保一二年（一八四一）ではネモロ場所三〇〇〇〇両についでクナシリ場所とエトロフ場所がともに一〇〇〇〇両となっている（『場所請負人及運上金』）。運上金だけからみると、エトロフ場所はネモロ場所に続いて漁獲高の多かった漁場ということになるが、実際のところはどうであったのだろうか。天保八年（一八三七）三月に作成された『ヱトロフ・ヤムクシナイ両場所年中仕入物凡積《およそづもり》』という史料によって、漁業経営の実情をながめてみよう。林・中村屋・関東屋三人の請負時期の収支見込みということになる。

　まず、エトロフ場所一ヵ年の諸入用凡積についてみると、場所下し物代は諸品合計七四二七両となっている。その内訳は、米一六四七両余、白餅米二八両余、大坂酒四五〇両、味噌四〇両余、南部切粉六一両余、上筵《むしろ》七六四両余、竹原塩一五八八両、荏樽八〇両余、酒田縄など縄類六二両余、柏木皮三三両余、地回り煙草六両余、白大豆二両余、古手取合二九一両余、先織取合五四両余、伝甫かな二四両余、木綿取合三三五両余、醤油・酢一六両余、小豆・麦・蕎麦《そば》など料理品八〇両、砂糖一六両、詰合へ売上げの筆墨紙など四〇両、「夷人」払分塗物六五両、間切など鉄物四八両、股引・足袋など六〇両、場所入用小間物八〇両、同蠟燭《ろうそく》代一二両余、漁方入用網・釜一二〇〇両、詰合賄《まかない》料三五〇両である。

この他に、運上金一〇〇〇両、支配人・番人給代一二五〇両、産物一万六〇〇〇石積取の運賃四〇〇〇両がかかり、右の場所下し物代と合わせ全部で一万三六七七両余の経費予想となっている。ただし、産物一万七五〇〇石と想定した場合には、運賃代が四三七五両となり、合計一万四〇五二両余の入用となる。

諸入用の割合を多い順から挙げてみると、産物を一万六〇〇〇石としてみたとき、輸送代二九％、米一二％、竹原塩一二％、支配人・番人給金九％、網・釜九％、運上金七％、以下、筵・酒・衣料などが続いている。酒・煙草・塗物（漆器）・古着・鉄製品などは、アイヌ社会への供給品として不可欠な品物であった。なんといっても輸送代が経費の三割近くを占めているのが目立ち、遠隔場所の漁業経営がこの面からも圧迫を受けやすかったことを示している。竹原塩が米に匹敵する金額となっているが、鮭の塩引生産に使われたものである。竹原は赤穂・三田尻と並ぶ塩田地域で、瀬戸内海の製塩が北海道の漁業生産と結びついて展開していた側面を見逃しえない。大坂酒や古手・木綿反物なども畿内からもたらされたものであろう。エトロフの漁場経営もまた、畿内・北陸・東北地方の諸産業と密接に結びついて展開していたことを示している。

いっぽう、出産物代のほうをみてみると、鱒〆粕《しめかす》八五〇〇石＝一万一三三三両余、塩切鱒五〇〇〇石＝四二八五両余、切囲鮭四〇〇〇石＝三六九二両余、鱒油一〇〇〇挺＝一三七五両、合計二万六八六両余、これから船中用捨五分（船乗り給付金五％）を引いて一万九六五二両余の産物代となっている。諸入用分一万四〇五二両を差し引いて、五五九九両余の黒字が見込まれている。

この史料には「休年勘定凡積」という試算も記され、諸入用が場所下し物代五一九九両余（平年仕込高より三割減）、運上金一〇〇〇両、支配人・番人給代一〇〇〇両、産物一万石目積取運賃二五〇〇両、合計九六九九両余、また出産物代が鱒〆粕四〇〇〇両、塩切鱒三〇〇〇両、切囲鮭三二三二両余、鱒油四八一両余、合計一万七一三両余、船中用捨の分を引いて一万二三五両となり、差し引き四七八両の黒字となる。「休年」というのはまったく漁業生産を行わないということではなく、平年に比べて規模を縮小し、とくに〆粕生産を三分の一くらいまでに大幅に減らした場合を想定している。

平年と休年を比較してみると、漁獲規模を縮小すれば、がぜん収支の計算が悪くなることを示している。漁獲量をあげてこそ収支は改善され、大儲けできるのであるが、それは高いリスクを背負うことを同時に意味していた。最遠隔地のエトロフ場所はとくにそうした投機的性格が強かったといえよう。漁獲高をあげようとして、仕込みや番人の人数を増やしても、思わぬ不漁や難破船を出してしまうと、たちまち経営破綻につながったのである。伊達林右衛門の日記によると、天保五年（一八三四）のエトロフ島は「皆無不漁」であり、空船で箱館に戻る状態であったという（『松前町史』史料編三）。中村屋・関東屋が仕込金を借りて返却不能に陥ったのは、エトロフ場所のそうした性格と無関係ではなかった。

経営破綻の原因

藤野・西川・岡田のエトロフ場所の経営はわずか四年しか持ちこたえられなかったが、その経営に関する「勘定調書上」が残されている（『余市町史』資料編一）。それによれば、天保九年（一八三八）は仕込金とその利足（息）を合わせて一万八二九四両余の入用、これに対して受取高は六七八一両余、同一〇年は仕込金・利足（息）一万八〇二一両余、受取高一万七五五二両余、同一一年は仕込金・利足（息）一万四六七九両余、受取高一万一五七五両余、同一二年は仕込金・利足（息）一万六〇五〇両、受取高九七三七両余、となっていた。

エトロフ出産物の内訳は天保一二年（一八四一）分の場合を例にあげてみると、囲塩引一六〇〇石＝一七四五両余、囲鱒九〇〇石＝八三〇両余、新塩鱒六〇〇〇石＝五五三八両余、鱒粕油四〇〇〇石＝五三三三両余、合計一万三四四八両の売上げ金額であったが、運賃二五〇〇両、船中用捨五分など一二一〇両余、合計三七一〇両余の入用があるので、前記の正味受取高となった。

四ヵ年の合計でみるならば、仕込高・利足（息）六万七一四四両余、受取高金四万五六四六両余、差し引き二万一四九八両余の勘定不足金すなわち赤字を出してしまった計算になる。天保一二年の鱒漁のときには海面の模様がよく豊漁が期待されたが、七月二〇日ごろから雨天続きとなって漁獲荷物も少なからず廃棄になってしまった。鱒〆粕をよく乾燥できなかったものであろうか。また、産物七〇〇石を積んだ雇船がクナシリで破船になるというアクシデントもあった。藤野らによる経営も多額の損金を出して請負返上に追い込まれたのは当然であった。

伊達・栖原時代のエトロフ場所の漁業についても少し触れておこう。安政五年（一八五八）のエトロフ島の産物石数は、新鮭一二二九石余、囲鮭一二九二石余、新鱒六九〇石余の三品が主要なもので、これに、囲《かこい》筋子、囲鰤《ぶり》、新鱒〆粕、紅鱒、新鱒筋子、干鱈、鱈粕、布海苔《ふのり》を合わせても全部で三四七一石余にとどまる。別口として他に囲鮭二一二一石が計上されているが、これを足しても五五九二石にすぎず、天保一二年の一万二五〇〇石の半分に満たない（『幕末外国関係文書』三三）。単年度だけでは断定できないが、幕末期には漁獲高が減少もしくは低迷していたのは間違いない。鱒〆粕が激減しているのは、伊達・栖原の〆粕生産が北蝦夷地を含む日本海側の鰊《にしん》〆粕に主力がおかれているためだろうか。鮭鱒の不漁という問題に加えて、経営事情もまた漁獲高の減少の理由になっていたとみるべきであろう。

苦難のアイヌ社会

アイヌの人口

エトロフ島のアイヌ人口は、前述したように寛政一二年（一八〇〇）の調査によってはじめて全容が把握され、二四ヵ村、一一一八人（男五三六人、女五八二人）を数えていた。村ごとの人口をあげておくと、シャナ四〇人、アンヲンコタン二〇人、ナヨマエ八人、ナヨカ一三人、ベトブ五八人、セツフコイキルチヤル四二人、トウロ四八人、マクヨマイ五四人、シベトル（シベトロ）一一〇人、ビライト七三人、ビンネベツ四六人、シレト三七人、アリムイ（アリモイ）六人、ルベツ七五人、ラウシ四八人、ニヨロモイ三〇人、ヲイト九三人、ナイボ七八人、ママイ七人、タンネモイ二九人、ルチヤラ一〇人、ロカウ（ロコウ）三二人、トシモイ五七人、セヲノツ一一四人

（一〇四人か）となっていた（『近藤重蔵蝦夷地関係史料』二、『近藤守重事蹟考』）。有力アイヌは、前述したアッケシのイコトイやクナシリ島のイコリカヤニと同様、複数の「妻妾」と多数のウタレ（この人別帳では「下男」「下女」と記載）を抱えており、ラッコなど海獣猟の狩猟団体を構成していたことがうかがわれる（岩崎奈緒子『日本近世のアイヌ社会』）。

文化八年（一八一一）九月の『東蝦夷地ヱトロフ島大概書』（『文政午年蝦夷地恵戸呂府返地目録写』）によると、蝦夷村一三ヵ村、蝦夷家数二四一軒、人別八四九人（男四二〇人、女四二九人）である。ママイ八軒四七人、ナイボ一七軒九〇人、ヲイト一二軒六八人、フウレベツ九軒四三人、ラウシ三軒一一人、ルベツ五一人（軒数不明）、ルベツ移転のヲンネベツ一二軒四九人、アリモイ一八軒七五人、シャナ二五軒九八人、ベトブ一六軒八〇人、ヲトイマウシ一八軒五九人、シベトロ二八軒一六八人の内訳となっている。この文政五年（一八二二）の幕府から松前藩への返地目録には、年月不詳の『タンネモイよりシヘトロ迄村方人別帳』という史料も収められ、各村の戸口が記され、タンネモイ三軒一〇人、ルベツ一二軒とみえる。他の数字は、総家数一八一軒とあるのを除けば『大概書』とまったく同じである。なお、『東蝦夷地各場所様子大概書』所収の文化八年九月の同名書には蝦夷村一三ヵ村、家数一八六軒、人別九九四人（男四八八人・女五〇六人）とあって、各コタンの人数も違っている。どのような事情によるのだろうか。

寛政一二年と文化八年を比較してみると、蝦夷地幕領期の直捌制の時代にアイヌ社会が大きく変容していたことが判明する。人口の約四分の一が減少したというだけではなく、コタン（村）数が二四ヵ村から一三ヵ村へとほぼ半減してしまったことが大きな特徴である。文化八年当時、ママイの八軒はアリモイに移転、またラウシの三軒は漁中ばかり住居して冬春はルベツに移り住み、両村とも出張漁場があるばかりであった。実質一一ヵ村となるが、それはいずれも会所または番屋の所在地であった。一三ヵ村はいずれもエトロフ島の西浦（オホーツク海側）に所在している。ヲンネベツは東浦にあったが、皆ルベツに移ってしまった。同じく東浦のトシモイ、ヘウエンベツにもアイヌが住んでいたが、西浦に移転したという。ラッコ猟主体の海獣猟から鮭鱒漁中心の漁業へと生業形態が大きく変容させられ、会所・番屋に労働力編成されたすがたを右のデータから読み取ることが可能であろう。

文政五年の返地目録に含まれる『産物買上定値段』によれば、鱒〆粕一俵（目方二一貫目）＝代米六升四合＝銭三五八文（一升が五六文）、鱒油一挺（四斗入）＝五俵（蝦夷地での一俵は八升）＝二貫二四〇文、生鮭一二束（一束が二〇本）＝一俵＝四四八文、などと買取り公定値段が定められている。高田屋嘉兵衛請負時代の漁事勘定は、漁期が終わったところで、その年の出高と村方の者（アイヌ）の働き方の甲乙をみて、一人別ごとに勘定仕訳書を請負人側が作成し、これを詰合の幕府役人がチェックして渡すことになっていた。

一見すれば、アイヌが稼ぎ出した出産物を買い上げる交易（物々交換）の形態のようにみえる。しかし請負人が仕込んだ網や釜など漁具＝生産手段を使って、番人の指示・監視のもとに漁業活動を行い、働きの甲乙にしたがって米などの物品が支給されるというのは、生産高＝出来高に応じての賃金が現物で支給される雇労働とほとんど変わらないといってよい。ラッコ皮や鷲羽などを自分の狩猟具・労働組織で獲得するのとは大いに違ってしまったのである。

松浦武四郎が見たもの

一八四〇年代から六〇年代にかけて蝦夷地各場所を踏査し、多数の観察記録を書き残したことで知られる松浦武四郎《たけしろう》は、嘉永二年（一八四九）にクナシリ・エトロフ両島を訪れている（『三航蝦夷日誌』）。松前藩復領期（一八二一〜五五年）のエトロフ島の様子を知ることができる。

武四郎は地名をあげてその土地の概況を説明し、アイヌの家屋がみられた時には「夷人小屋有」（およその軒数を記す場合もある）と記している。アイヌの居住地として出てくるのは、タンネムイ（タンネモイ）二軒、ナイボ、ウエンナイ、フウレベツ一二〜一三軒、ルベツ五〜六軒、ヲサウシ、アリモイ六〜七軒、シャナ、ヲトイマウシ六〜七軒、マクヨマイ、シベトロ一一軒、トシラリ三軒、の一二ヵ所で、会所が置かれたフウレベツ以外はいずれも番屋所在地である。番屋の後ろ・裏・脇と書かれるような場所に、番屋へ付属するようにアイヌの人たちが住んでいたことになる。番屋にはきまって弁天社が勧請《かんじょう》され、いくつかの蔵があって、どこも似た風景をつくっていた。

当時のエトロフ島の人別は五二〇〜五三〇人に満たず、幕領期に比べ三分の一にまで減ってしまったと、武四郎は記す。三分の一は少しオーバーにしても、その人数が正確ならば半減したのは明らかである。武四郎の考えによれば、幕領化によってエトロフ島の「民草」を「我邦の民」として「育養」を加えたのはありがたい措置であったが、年を経ずして今のような「商売の如き士」の松前藩の手に帰したため、島民たちは「若干の苦」をみるにいたり、人口が急減してしまったのであった。請負人と結託してアイヌを収奪せんとする松前藩のよこしまぶりを批判し、ふたたび幕府の手による正しき撫育《ぶいく》の道が実現されなくてはならない、というのが武四郎の確固とした信念となっていくが、このエトロフ行きでもその意を強くしていったものであろう。

しかし、こうした武四郎の認識が正鵠《せいこく》を得ていたかは別問題である。たしかに松前藩復領期にエトロフ島の人口が減少し、場所請負制の弊害を否定できないが、それ以前の幕府直轄支配後のわずか一〇年くらいで、四分の一もの人口が失われていたことをみるだけでも、禍根が幕領期に胚胎していたのは明らかである。アイヌ社会の暮らし、労働環境がエトロフ開島で大きく変えられ、これによる社会的なストレスが人口減少の原因であったというべきである。人口減の原因として疱瘡《ほうそう》などの伝染病の流行も考えられるが、それも社会変容にともなう現象であろう。

武四郎によれば、それでもエトロフ島には他場所とは違って、「寛政度の所置」が残っていた。それはアイヌ男性が月代《さかやき》を剃って「日本風」にしているのや、「本邦の古着」を着ているのに感じられた。それればかりでなく、死亡・安産・元服・嫁取・婿入のさいの古着・米の支給、乙名・小使・土産取《みやげとり》に対する給金といった下され物は他場所にはないことだといい、乙名役の者たちが一人ずつ交代で会所元に「勤番」していた。前述した幕領期に始まった手厚い撫育の下され物の名残であるが、それに必要な一〇〇両には鱒油の運上金を当てるということも、武四郎は蛇足といいながら記している。

松前藩復領期でも、異国境としてのエトロフ島の地政的位置づけは失われたわけではなく、基本的には幕領期の政策が踏襲されたといってよい。このことは、たとえば松前藩主に対する御目見《おめみえ》にあたって、エトロフのアイヌが羽織を着用していたのにもうかがわれる（『和田家諸用記録』の文政一三年の記事）。他場所のアイヌの場合は陣羽織かと思われるが、羽織は「帰俗」したしるしの意味をもち、幕藩制下の村役人並の扱いであることを示していた。

幕末の人別

幕府は安政二年（一八五五）にふたたび蝦夷地を直轄する。そのために松前藩が作成した安政三年六月のエトロフ場所の引き渡し書類によると（『幕末外国関係文書』一四）、家数八九軒、人別四九八人（男二六七人、女二三一人）であった。内訳はタンネムイ（タンネモイ）一軒一七人、ナイボ六軒三九人、ヲイト九軒五六人、フウレベツ九軒六一人、ルベツ一〇軒四九人、アリモイ一六軒五七人、シャナ一〇軒四一人（四四人が正しいか）、ベトブ六軒三五人、アトイマウシ（ヲトイマウシ）五軒二七人、シベトロ一七軒一一三人、となっている。武四郎のあげた人数より数年間に二〇〜三〇名の減少である。文化七年（一八一〇）と比較すると、会所元のフウレベツ、およびクナシリ渡海場所のタンネモイが増加しているが、シャナ・ベトブ・ヲトイマウシの減少ぶりが目立っている。シベトロは依然最大の人口を保っているが、約三分の二に減った。

万延元年（一八六〇）の幕府から仙台藩への引き継ぎのさいの『村方家数人別書』によると（『庚申万延元年蝦夷地恵戸呂府御領分御引受留』）、ナイボ一〇軒五九人、ヲイト九軒四九人、フウレベツ八軒五〇人、ルベツ八軒四一人、アリモイ一五軒五〇人、ベトウ（ベトブ）六軒三六人、ヲトイマウシ三軒二二人、シベトロ一八軒一一三人の、合計七七軒四二〇人のエトロフ人別となっている。シャナは幕府支配のままなので、この人別書からは除かれている。また、タンネモイは仙台領に含まれたが、記載がみられない。ナイボの人口が増加しているので、その中に含まれているか、あるいはナイボに移住したものかと推察される。

このように、幕末期にも人口が漸減していたことがうかがわれる。しかし、明治九年（一八七六）の『千島着手見込書』によると、人口が六八四人になっているから、幕府倒壊前後の時期に人口減に歯止めがかかり、漸増傾向に転じたことを示しているのだろうか。

彫エシタエホリ

松浦武四郎の『近世蝦夷人物誌』は、アイヌという民族的誇りをもった人物を何人も取り上げている本として有名だが、そのなかにエトロフ島のアイヌがひとり登場する。例によって、エトロフ場所においても、文政五年（一八二二）より「奸商《かんしょう》」の手に帰して以来、アイヌの人たちを昼夜の別なく「苛責《かしゃく》」して働

図17　シタエホリの作品（アイヌ民族博物館蔵）

かせ、夫ある妻や、その娘を「強淫」し、「奸商」の「乱放」ぶりは筆舌に尽くしがたいものがある。もしそれに反抗するならば、もっとひどい仕打ちを受けて、病は癒えず、妊娠しても流産してしまう。そのために松前藩復領わずか三〇年の間に人口が四九三人にまで減ってしまったと、武四郎は舌鋒《ぜっぽう》鋭い批判を浴びせていた。

そうした辛き責めにもかかわらず、すこぶる「勇」のある人物として、ナイボに住む彫工シタエホリが紹介される。会所の命を用いず、自分の親たちは「肉食皮服」の徒であったのに、なんで「綿衣穀食」を望まなくてはならないのかといって、一粒の米も食べなかった。そして、一柄の小刀で彫物を行い、盆、椀《わん》、匙《さじ》、柄杓《ひしゃく》をつくり、依頼にまかせて筆筒、筆管、小刀の鞘《さや》などをつくった。その彫りは他に比類なく巧みであって、実に「一奇工」というべきである。奸商が跋扈《ばっこ》するなかにあって、ただ一人「義胆」を表し頼もしげであると、武四郎は評価するのであった。

シタエホリ（シタエーパレ）の製作したマキリ（小刀）や盆などが、今日でもいくつか残存している（伊藤務『エトロフの名工、シタエホリ幻のマキリについて』）。精緻な「唐草文様」に特徴があるといわれる彫りである。このように伝来の手わざに優れていたからこそ、卑屈な態度をとらず、民族的な自尊心を保持しえたのだと考えられよう。前出『千島着手見込書』にも、鮭鱒の腹を割く小刀の製作にすぐれた振別（フウレベツ）村の清次、小舟製造に熟練したナイボの清蔵といったアイヌのことが記されている。職人的な技量で知られるアイヌたちがエトロフ島には少なくなかったのである。

エトロフ島に渡った人々

北奥羽からの出稼ぎ

エトロフ場所の現地にあって、直捌制であれ請負制であれ、会所・番屋に詰めて漁業経営に携わったのは出稼ぎの者たちであった。支配人というのがいわば現地の責任者で、その下に通詞、帳役、番人といった職務分担があった。番人はアイヌの人たちを指図して漁事や〆粕《しめかす》生産に動員し、また、しばしばアイヌ女性を現地妻に囲ったり、アイヌの貴重な宝物を奪い取ろうとしたので、酷使・虐待する非道な存在、あるいは秩序破壊者として、憎悪の対象となることが少なくなかった。このことは、民衆のなかに内在する「暴力」ないし差別感情の問題として重たく受け止めなくてはならない。

しかし、蝦夷地出稼ぎの番人たちを、食い詰めてやってきた荒くれ者、アウトローとしてみるのは間違っている。彼らなりに人生の生活設計をもち、郷里の家や家族のために精一杯働いて稼ごうという意識が人一倍旺盛であり、お互い競争心のようなものがあった。じっさい、蝦夷地で雇われて働くのは収入になった。荒井保恵『東行漫筆』は各場所の支配人以下の給金手当てを記載していて参考になるが、クナシリ島の場合、文化二年（一八〇五）から三ヵ年の平均でみると、支配人が定給金一〇両、土産物代二両、手当て金二八両二分二朱（年によって不同）、の計四〇両二分二朱であった。新参の番人でも定給金四両、土産物代一両二分、手当て金八両三分二朱、合わせて一四両一分二朱を貰っていた。

残念ながらエトロフ島については記していないが、クナシリと同等以上の支給額であったとみてよいだろう。前述したように、享和三年（一八〇三）には支配人らの給金・路用金として一一〇〇両、また天保八年（一八三七）には支配人・番人給代として一二五〇両が見込まれていた。エトロフ島への出稼ぎ者は幕末の万延元年（一八六〇）には八七人といわれているから、七〇〜八〇名前後とみれば、一人あたり平均一五両前後の雇代ということになろうか。

エトロフ島で働いた出稼ぎ者はどこの出身が多かったのであろうか。場所開設にあたっては漁場を見立て、シャナ襲撃事件のさいには支配人として巻き込まれ負傷した寅吉（川口陽助）は南部領下北地方の正津川の者であった。また、ナイボでロシア船に連行された番人小頭五郎治ら五人のうち、四人までが下北の出生である。川内村出身の五郎治はイルクーツクまで連れて行かれ、文化九年（一八一二）にゴローニン奪回の交換要員としてリコルドの船に乗り、クナシリ島で引き渡された人物で、ロシアの牛痘種痘法を学んできたことでも知られる。同年、リコルドによって捕まった高田屋嘉兵衛の観世丸にも「南部働人」が三七人乗っていたという（『エゾ地ヲロシヤ見聞帰朝話』）。

このように、エトロフ場所の創設時から下北出身者らの南部領民が場所経営を下支えする役割を担わされていたのは間違いない。下北からの蝦夷地出稼ぎは飛驒屋請負時代のクナシリ場所に始まるといわれるから、クナシリ・メナシの戦いという痛撃の体験を通して、漁場運営のエキスパートとしての実力を蓄えていったものであろう。

出稼ぎ者全員の出身地がわかるのは、右に述べたように万延元年（一八六〇）の場合であるが、この年は南部宮古三二人、大間・正津川など下北二八人、それ以外の盛岡領野辺地《のへ》《じ》二人・沼宮内《ぬまくない》一人、箱館一二人、松前三人、津軽三人、秋田二人、加茂二人、塩越一人、浦賀一人の内訳となっている（拙著『北方史のなかの近世日本』）。たしかに下北出身者が多いが、それ以上に三陸地方の宮古の者たちの名前がみられるのが大きな特徴である。

宮古出身のエトロフ番人の名前は、たとえば厚岸《あっけし》国泰寺の『諸場所過去帳』のなかに数例見られる。そのうち、もっとも古いのは、文政一三年（一八三〇）五月二五日にエトロフ島シベトロで病死した、「月山自光信士」という戒名をつけてもらった奥州南部宮古出生の番人久兵衛である。国泰寺は蝦夷地で死亡した勤番士や出稼ぎ人の供養に関与していたのである。また、伊達林右衛門の天保一三年（一八四二）の『日記』にも、エトロフ漁方支配の周吉なる者が在所南部宮古に行く、という記事がみられる。その役名からすれば、宮古周辺で出稼ぎ者を集めていた人物であろうか。

クナシリ島では、寛政一二年（一八〇〇）よりヲンネトウという所で、「おこし網」をもって「自分稼」をする南部領宮古の安兵衛という人物がおり（『東蝦夷地各場所様子大概書』）、『エトロフ会所日記』によれば、寛政一二年、盛岡領宮古代官所内の者四二人、同領田名部《たなぶ》代官所内の者三人、八戸領四人の合計四九人が雇われてクナシリ島にやってきていた（『近藤重蔵蝦夷地関係史料』一）。宮古者の名が知られる蝦夷地稼ぎの早い例であろう。エトロフ島には下北地方より少し遅れて入ったかと思われるが、安兵衛の進出などに引きずられるようにエトロフ場所へも出稼ぎするようになったものであろう。三陸沿岸もまた鮭鱒漁のさかんな所であったから、その漁法など生かしながら、道東や南千島の鮭鱒漁場は格好の新しい働き場所であったに違いない。

松前藩の勤番

陸奥国梁川《やながわ》に転封されていた松前家は、その復領運動がかなって文政四年（一八二一）に松前・蝦夷地一円が返還されるが、それにともなって松前藩に重くのしかかったのが蝦夷地勤番であった。幕領期には幕吏と盛岡・弘前両藩の勤番隊が蝦夷地に派遣されて、異国船の防備にあたったのであるが、それを松前藩単独で行わなければならなくなった。

エトロフ場所ではフウレベツの会所の側に、柵《さく》・打貫門《うちぬきもん》のある「見事」な松前藩の勤番所が置かれていたが、ここにどれくらいの人数が派遣されていたのであろうか。文政九年（一八二六）にエトロフ越年勤番を命じられた足軽湯浅此治の日記によれば、この年派遣されたのは重役・添士・徒士、および足軽四〇人（うち五人秋帰）で、三月に出立し、翌年七月帰着している（『松前町史』史料編二）。重役らの陪臣を含めて五〇人程度の陣容となろうか。また、松浦武四郎の『三航蝦夷日誌』によると、嘉永二年（一八四九）ごろの状況になるが、物頭《ものがしら》・目付・添士・徒士《かち》三人・医師・足軽一三人で、侍・下男の従者を含めて総勢三四人であった。

安政三年（一八五六）の松前藩から幕府への引継ぎ書類では、物頭一騎（従者五人）、目付二騎（従者八人）、大筒掛平士二騎（従者四人）、平士五騎（従者一〇人）、徒士目付二人（従者二人）、徒士五人（従者五人）、医師一人（従者一人）、足軽小頭二人、足軽二五人、在住足軽五〇人、総勢一三〇人が書き上げられている（『幕末外国関係文書』一四）。プチャーチン来航以後の新たな緊張が派遣人数の増加となって現れているのであろう。このように、時期によって多少派遣人数に変動があったことになる。

寒気がきついために、エトロフ島に勤番するのは誰もが恐れたと、武四郎は記している。そのために、不首尾・過咎《かきゅう》のある藩士が派遣されたのだという。その指摘が当たっているかどうかはともかく、松前藩が蝦夷地勤番を担う足軽に不足していたことは確かである。文政一二年（一八二九）に足軽が総家数二五三軒であったものが（『町年寄日記抜書』）、万延元年（一八六〇）には六一六軒を数え（『番日記』）、この間に急増していた。家中の二、三男を分家に取り立てるだけではなく、他国出身者を含んで百姓・町人から召し抱えられる者も少なくなかった。

右の湯浅此治自身も、もともとは津軽弘前の生まれで、石工職の父が家産を傾け一家あげて松前に渡ってきたものであった。はじめ新組足軽芦野家の養子となって、エトロフ島・クナシリ島の越年勤番を勤めていた。そこを離縁となったものの、改めて新規に並足軽に召し抱えられた経歴を持っていた（『松前町史』史料編二）。

松前藩足軽の略歴を記した『従伊迄屋《いよりやまで》明細下書』という史料によると、エトロフ勤番で死亡した足軽が散見されるが、たとえば中山久吉の場合の経歴は次のようなものであった。秋田久保田の出生とあるから、もとは町人であったのだろう。天保二年（一八三一）に後組足軽として奉公したが、同一二年エトロフ勤番のおりに現地で病死してしまった。その跡式を同じく久保田出生の弟、松三郎に継がせようと願い出て認められている。また、文政一〇年（一八二七）後組足軽に奉公した因藤多四郎の場合は箱館出生であったが、嘉永元年（一八四八）にエトロフ勤番先で病死し、その跡式を庄内出生の養子多四郎に継がせている。北方防備の必要な勤番足軽は、このように百姓・町人身分からの供給によってはじめて可能であったのである。

仙台藩のエトロフ警衛・支配

幕府は安政元年（一八五四）六月、ふたたび箱館奉行を置き、翌年二月には蝦夷地を上知《あげち》した。これによりエトロフ島も幕府支配地となり、幕府の現地詰め役人として調役山村惣三郎らが派遣された。また、安政二年四月の幕命によって、東北各藩のそれぞれの警衛担当区域が決まった。仙台藩は東蝦夷地のシラオイからシレトコまで、クナシリ島・エトロフ島などの島々を含めて一円持場とされ、ユウフツに元陣屋を、ネモロ・エトロフ・クナシリにそれぞれ出張陣屋を設けて勤番人数を派遣することとされた。ただし、元陣屋は仙台藩の願いによりシラオイに変更された。

その後安政六年（一八五九）九月、幕府による蝦夷地全域の直轄支配が改められ、蝦夷地の一部が勤番各藩に領地として分与された。この結果、幕府の直轄支配地と東北諸藩の分領とが入り組むことになったが、幕府支配地の警衛は従来通り東北各藩の勤番であった。エトロフ島の場合には、シャナ地域のみが幕領として残され、その警衛は仙台藩が担い、また、その他の地域はすべて仙台領とされた。

仙台藩の勤番の様子を少しみておこう。軍事施設は松前藩からそのまま引き継がれ、フウレベツの勤番所を改修して陣屋としている。同藩のエトロフ詰警固は安政三年二月に出立した今村隼人介・長沼惣太左衛門らの派遣が最初であった。どれくらいの人数が派遣されたのか、翌四年の場合でみると、目付多川仲之丞、武頭奥山十之進、徒目付二人、勘定統取、勘定方、大筒打《おおづつうち》四人、医師、同外科、足軽与頭《くみがしら》当付、同使番、小人目付二人、目付衆当付一人、使番三人、右近殿預足軽二〇人、大工六人、手木《てこ》一人、目付らの陪卒二五人となっており、総勢七二人の規模であった（『吉川家文書』）。

多川の日記が翻刻されているが（『蝦夷エトロフ風土見聞之巻』）、多川は三月一日に仙台城下を出立、閏五月一二日フウレベツに到着、回浦して六月一八日タンネモイを出帆、八月二三日帰国した。道中だけで片道三ヵ月以上を費やしていた。現地の視察が主な目的であったためか、多川だけは「半ケ年番」で越年せずに戻ったのであろう。フウレベツ滞在中、一緒に行動した勘定所統取仮役志茂栄太夫が「吐血の病症」で死亡したのが気の毒であった。

エトロフ島の勤番記録はその他にもいくつか知られている。安政七年（万延元年〈一八六〇〉）から翌文久元年にかけ、医者として越年した高屋養仙《ようせん》の日記もそのひとつである（『津山町史』資料編Ⅱ）。養仙が赴任した年はちょうど仙台藩にエトロフ島が引き渡された年にあたっていた。それと関係して興味深い記述がみられる。万延元年七月一〇日、陣屋の八幡宮社内に勧請《かんじょう》した「塩釜さま」の儀式が済んだ後、幕府からの領地引取り完了を受けて、「村方」（アイヌ）を陣屋に呼び集め、条目を仰せ渡され、酒を下されたというのである。アイヌの人たちも酒に酔って、歌や踊りで盛り上がった。仙台藩による支配はじめの宣言を塩釜さまの勧請で祝ったのだといえよう。また、九月二八日には仙台藩による最初のオムシャが行われたが、今年からは領分となったので、国元百姓同様に村方に接するとしているのも、意識の持ちようの大きな変化だった。

分領後の仙台藩の領主支配も、松前藩時代とそれほど大差なかったと思われ、場所の漁場経営は伊達・栖原の共同請負のままとし、その運上金が仙台藩の新たな収入となった。仙台領牡鹿郡田代島の回船業者平塚八太夫（浜屋）は、箱館に店を開き、安政二年（一八五五）ごろからエトロフ島へも下り、新鱒塩切、秋味を場所買いしていたことが知られ、蝦夷地産物で巨利を得たといわれる。文久元年（一八六一）、八太夫は「蝦夷地産物取開方御用達」となっているが、仙台藩の蝦夷地警衛・分領支配と結びついて財をなしたとみてよいだろう（『石巻の歴史』第二巻通史編下の一）。

つくられた国境——エピローグ

海外への日本人の渡航が禁止されていた鎖国の江戸時代でも、廻船などがたまたま難破して外国に漂着し、異国体験をして帰ってきた漂流民は少なくなかった。ロシア・北方関係でいえば、桂川甫周《ほしゅう》『北槎聞略《ほくさぶんりゃく》』の大黒屋光太夫、大槻玄沢《げんたく》『環海異聞』の津太夫らがよく知られている。それほど有名ではなくても、エトロフ場所の開設以降、異国境の場所となったために、エトロフ島に第一歩を踏んだ漂流民の帰国が何度かあった。

戻ってきた漂流民

前述のように、ホロムシリ島に漂着した奥州盛岡領牛滝村の沖船頭継右衛門ら六人が、文化三年（一八〇六）七月二日にエトロフ島シベトロに上陸した（『享和漂民記』）。列島を自由に行き来してきた千島アイヌの協力なしには不可能な帰国であった。翌年四月二四日箱館に着船、同地で取り調べの後、八月一四日に箱館奉行所から同所詰の盛岡藩の家来に引き渡され、奉行の羽太《はぶと》から領外の他にみだりに住居させないよう命じられた。しかし、全員すぐに帰国できず、病人と介抱の二人を除く四人が松前に送られ、堀田正敦《まさあつ》の尋ねを受け、二九日に引き渡されている（『盛岡藩雑書』）。

また、文化一三年（一八一六）七月九日には、薩摩藩手船永寿丸の雇船頭喜三左衛門ら三人、および尾張国名古屋納屋町の小島屋庄右衛門船督乗丸沖船頭重吉（長右衛門、知多郡半田村百姓）他一人の二組五人が、エトロフ島のトシラリに上陸している（『永寿丸魯国漂流記』『督乗丸魯国漂流記』）。永寿丸は回米を積んで薩摩から江戸へ向かう途中、文化九年一二月三日紀州沖で難破、千島列島のハルムコタン島に漂着し、千島アイヌに救われた。いっぽう督乗丸は尾張藩の積荷を江戸に運び終え戻る途中、文化一〇年一一月四日遠州灘で漂流、北アメリカ西海岸サンタ・バーバラ沖でイギリス商船に救助された。両船ともペトロパヴロフスクに送られてのち、ロシア船パーウェル号で日本に送ってもらうことになったが、途中小舟に乗り移りウルップ島を経てエトロフ島に着いた。取り調べにあたったのは、同島シベトロに詰めていた松前奉行支配調役下役村上貞助で、その手になる口書が残されている。松前で奉行所の糾明を受けたのち江戸霊岸島の蝦夷会所に送られ、藩に引き渡された。

重吉によれば、エトロフ島に着いて衣服を着替え粥《かゆ》を食べたが、久しく異国の肉食に慣れていたのが米のみを食べたので、自分を除いて皆々は腹持ちが悪くなったという。湯浴みし、月代《さかやき》を剃って心が落ち着くと眠くなり、夜昼のわきまえなく「夢中正体なし」になったと、安堵感にひたっている。この島のなかの「都会《みやこ》」フウレベツについて、いかめしき番屋があって調役以下の幕府役人が詰め、また、請負人高田屋の会所があり、その大船も三艘ばかりみえたと記している。松前に送られ、蔵町の牢屋敷に入れられたときには、どうしてなのかと奇妙に思い、いたく悲しみあったという。キリシタンになったかどうかの詮議がきびしかったのである（『船長日記』）。

松前藩が復領してからは、天保七年（一八三六）七月二五日と天保一四年（一八四三）五月二三日の二度、ロシア船が漂流民を乗船させエトロフ島に送り届けている（『松前家記』）。天保七年のほうは、越後国岩船郡早川村の長門屋次郎左衛門手船五社丸が、天保三年八月松前より江戸へ航行中に難破したもので、岩船郡柏尾村伝吉ら三人が戻ることができた（『続通信全覧』）。天保一四年の方は、越中国富山古寺町の能登屋兵右衛門の持船長者丸が、天保九年一一月仙台領唐丹《とうに》港沖で暴風のため遭難し、漂流中アメリカ捕鯨船に救助され、六人が帰国している（『時規物語』『蕃談』）。どちらも江戸に送られ取り調べを受けた。

この二度の漂流民送還は、食料・日用品の補給に不便を感じていたロシア・アメリカ会社が日本との交易を期待して、ロシア政府の許可を得て行われたものであった。その後弘化二年（一八四五）六月二九日にもロシア・アメリカ会社の船がエトロフ島にやってきたが、交易についての進展はなく、同会社による接触は断念されていく（『続通信全覧』、真鍋重忠『日露関係史』）。以来、ロシアからの交易の働きかけは嘉永六年（一八五三）のプチャーチンの長崎来航まで途絶えることになる。

前述した五郎治らのようにクナシリ島で放還された例はあるが（ただしこの場合は漂流民ではない）、エトロフ島に漂着民が帰還してきたのは偶然ではあるまい。幕府によって開かれた最北の境界前線基地であり、ロシア側もそれを認知していたからだろう。幕府も長崎に回してではなく、いずれもエトロフ島での引取りを認めていた。箱館開港以前には、箱館（松前）奉行や復領期松前藩は蝦夷地支配や山丹《サンタン》交易という以上には外交事務を管掌していなかったが、北方海域・ロシア方面への日本人の漂流民に関しては窓口が開かれていたのである。

弘化三年のアメリカ船漂着

外国船がエトロフ島に漂着してきたケースもある。弘化三年（一八四六）五月一一日、東浦ルベツ持場のうちモシユという所の海岸で、「村方」（アイヌ）二人が上陸した異国人一人を発見した。翌日、松前藩の勤番が駆けつけ、トシモイで七人の外国人の身柄を保護し、フウレベツ勤番所に連れていき、昼夜番人をつけて監視した。彼らは北アメリカ州ネウヨルク（ニューヨーク）のショルツ（ジョージ・ハウ）らで、捕鯨のため乗っていたラウレンス（ローレンス）号が難破し、やむなく小船（橋船）に乗り移り漂着したものであった（『続通信全覧』）。

現地の松前役人はすぐに帰帆することを促したが、小船のため船出をいやがった。そこで松前藩は幕府に取り扱いの指示を仰いだ。その結果、漂流民を長崎に回すことになったが、海路での護送とされた。海路にしたのは、日本地を異国人に見せないようにするための措置であった。翌四年四月一七日エトロフを出帆、箱館を六月三日に船出し、七月九日に長崎に着船した。長崎奉行を通じてオランダの便船に託し、帰国させている。長崎奉行が管掌した異国人送還のシステムがエトロフ島への外国人漂着民にも適用されたわけである。後日、この漂流民のひとりから長崎で虐待を受けたという暴露がなされている。

エトロフ島ではないが、アメリカの捕鯨船が漂着した例としては、嘉永元年(一八四八)五月七日に松前地の小砂子《ちいさご》村・石崎村にラゴダ号の乗組員が上陸、同年六月二日にリイシリ(利尻)島へプリマス号に乗っていたマクドナルドという人物が上陸している(富田虎男訳訂『マクドナルド「日本回想記」』)。翌年六月には北蝦夷地ヲダロにも漂着している(『湯浅此治日記』)。いずれも長崎に護送された。この時期、日本近海を含む北太平洋上でのアメリカ捕鯨船の活動は最盛期を迎えており、ペリー来航の一因となったのである。

日露通好条約

エトロフ島がロシアとの外交交渉ではじめて日本領土であると決められたのは、安政元年一二月二一日(西暦一八五五年二月七日)の伊豆下田で調印された日露通好条約である。周知のように、エトロフ島とウルップ島の間に国境線がひかれ、エトロフ島以南が日本領、ウルップ島以北がロシア領とされた。また、カラフト島についてはロシアと日本との間で界を分かたず、これまでのしきたりの通りとした。

長崎での交渉におけるエトロフ島をめぐる議論の一端を紹介しておこう。プチャーチンがいうには、エトロフ島は元来ロシア人が住居していた所で、後になって日本の者がやってきて住居した、今はロシア人と日本人が半分ずつ住居しているので、島を半分に分けて境を定めたい、と主張する。これに対して幕府側の川路《かわじ》聖謨《としあきら》は、「蝦夷千島」のことはわが国の古記録にみえ、そのうえ現在は断然わが国の「所領」だと反駁する。プチャーチンが、エトロフ島には「アイノ」ばかり住んでおり、「日本人」は住居していないのではないかと述べると、川路は「アイノ」は「蝦夷人」のことで、「蝦夷は日本所属の人民」であるから、「アイノ」の居る所はすなわち「日本所領」であるのだと、切り返す。なおも、プチャーチンがエトロフ島に住んでいる「アイノ」はロシアに属する者も日本に属する者もいる、エトロフ島の北の方の「アイノ」はロシアの支配を受けているではないか、と突っ込んでくると、川路はエトロフ島とウルップ島のことを間違えて言っているのではないか、エトロフ島については挨拶にも及びがたいことだと、一蹴していた。

本書でも述べてきたように、当時エトロフ島にはロシア人はまったく居住しておらず、プチャーチンの主張には最初から無理があり、川路のほうが実態をよく知って発言していた。ただ、川路のいうアイヌ居住地＝日本領土という論法はカラフトをめぐる交渉のなかでも出されているが、北千島アイヌの存在を切り捨てていたのは首尾一貫せず、ロシア側からつけ込まれることになる。それはともかく、前期幕領期の幕府は、エトロフ島までを実効的に支配し、ウルップ島を無人島にしておき、シモシリ島以北のロシア勢力との間の緩衝地帯にするという認識であった。その点では、ウルップ島折半論の余地がなかったわけではない。しかし、そのような緩衝地帯論がウルップ島への積極的な政治介入を生み出さず、事実上の放置＝放棄につながり、プチャーチンとの交渉でもウルップ島の領土権を主張せず、エトロフ島とウルップ島の間で国境の合意がなされる結果となったのである。

江戸幕府の倒壊後、エトロフ島は明治新政府に引き継がれ、仙台藩の警衛・支配も中止された。明治二年（一八六九）八月、蝦夷地の北海道への改称にともない千島国の一部となったのは最初に述べたとおりである。明治二年から同四年にかけて、彦根藩・佐賀藩・仙台藩・高知藩によるエトロフ島分領支配の時期があったが、廃藩置県により領主権が解消され、開拓使の直轄となった。そして、明治五年より根室支庁の所轄、明治一五年の開拓使の廃止にともない根室県に属し、同一九年からは北海道庁の管轄となっている。

これが明治維新後の簡単なエトロフ島の支配・管轄の変遷であるが、エトロフ島が異国境、国境の島であったのは明治八年（一八七五）の樺太千島交換条約の締結までであった。樺太の領有権をロシアに認める代わりに、千島列島（クリル諸島）はすべて日本領土というところに、幕末以来の話し合いによる領土画定交渉が辿《たど》り着いたことになる。両国間にとっては領土問題の決着であったが、しかし、これによって樺太のアイヌが北海道に移住させられたり、北千島シュムシュ島のアイヌも色丹島への移住を強いられるなど、その地の先住民族にとっては、国家的利害に振り回された近代の歴史であったことを忘れてはならないのである。近世史の側からの叙述はおおむねこのあたりまでとしておきたい。近現代のエトロフ島の歴史も記憶から忘却へと遠くなりつつあるが、本書とは別に、独自な構想と方法によって書かれる必要があるだろう。

参考文献

秋月俊幸「コズィレフスキーの探検と千島地図」（『北方文化研究』3、一九六八年）
岩崎奈緒子『日本近世のアイヌ社会』（校倉書房、一九九八年）
海保洋子『近代北方史』（三一書房、一九九二年）
鹿能辰雄『北方風土記　択捉島地名探索行』（みやま書房、一九七六年）
川上淳「奥蝦夷地（クナシリ・子モロ・アッケシ）の惣乙名ツキノエ・ションコ・イコトイについて」（『根室市博物館開設準備室紀要』三、一九八九年）
川上淳「アイヌ首長層と寛政の蜂起」（根室シンポジウム実行委員会編『三十七本のイナウ』北海道出版企画センター、一九九〇年）
菊池勇夫『幕藩体制と蝦夷地』（雄山閣出版、一九八六年）
菊池勇夫『北方史のなかの近世日本』（校倉書房、一九九一年）
菊池勇夫「鷲羽と北方交易」（『研究年報』二七、宮城学院女子大学キリスト教文化研究所、一九九四年）
菊池勇夫「文化年間のラショア人渡来」（田中健夫編『前近代の日本と東アジア』吉川弘文館、一九九五年）
菊池俊彦『北東アジア古代文化の研究』（北海道大学図書刊行会、一九九五年）

北の文化シンポジウム実行委員会『環オホーツク』一〜五号（紋別市立図書館・紋別市立郷土博物館、一九九四〜九八年）
国土地理院『三〇万分一集成図北方四島』（一九九一年編集）
児島恭子「『えぞが住む』地の東漸」（北海道・東北史研究会編『メナシの世界』一九九六年）
榊原正文『「北方四島」のアイヌ語地名ノート』（北海道出版企画センター、一九九四年）
高野雄一『国際法からみた北方領土』（岩波ブックレット62、一九八六年）
田島佳也「北の海に向かった紀州商人」（『海と列島文化』一、小学館、一九九〇年）
富田虎男訳訂『マクドナルド「日本回想記」』（刀水書房、一九七九年）
福士廣志「南千島エトロフ島シャナ出土の石器について」（『留萌市海のふるさと館紀要』2、一九九一年）
藤田覚「文化三・四年日露紛争と松平定信」（『東京大学史料編纂所研究紀要』六、一九九六年）
北方領土問題調査会編集・発行『北方領土―古地図と歴史―』（一九七一年）
真鍋重忠『日露関係史』（吉川弘文館、一九七八年）
皆川新作『最上徳内』（電通出版部、一九四三年。最上徳内顕彰会により一九九三年復刻）
村山七郎『北千島アイヌ語』（吉川弘文館、一九七一年）
OAG・ドイツ東洋文化研究協会編集・発行『西洋人の描いた日本地図』（展覧会図録、一九九三年）
S・ズナメンスキー著・秋月俊幸訳『ロシア人の日本発見』（北海道大学図書刊行会、一九八六年新装版）

あとがき

エトロフ島の歴史に興味を持ちはじめてから、すでに一〇年近くもなるだろうか。近世後期の幕府による蝦夷地介入のしかたを考えてみるなかで、エトロフ島が視野のなかに飛び込んできたというのがきっかけであった。蝦夷地政策・異民族（アイヌ）支配が、ロシア境を強烈に意識し出したエトロフ島において、もっとも典型的なかたちで立ち現れているることに気づいたからである。エトロフ島を事例に「帰俗」（同化）とか「撫育」とかの権力行為について具体的に検討を加えることになる。

やがて、そうした国家論的関心ばかりでなく、幕府のエトロフ島開発が、エトロフ島を含む千島列島のそれまでの歴史の否定のうえに進められ、交易と交流の民族社会に政治的分断と生活変容を持ち込んでいったことに目をそむけてはいられなくなった。交易の具体的すがたを知るために、鷲羽の狩猟と交易について調べてみたり、分断の状況を知るために、エトロフ島への渡来を禁止されてしまうラショア人（中部千島アイヌ）のことを追跡する、といった作業によって、しだいに千島列島の地域世界、あるいは環オホーツク海の地域世界といったものが少しずつ見えるようになってきた。北東アジアの歴史や民族を最初からテーマにしていた場合の自明さとは大いに違って、日本近世史の側からそこまで到達するには、随分と時間と手続きがかかったというのが率直な感想である。千島列島世界から幕府のエトロフ島開発をとらえ直す、そうした視座が曲がりなりにも得られたのである。

さらにいえば、エトロフ島開発の初発の段階から奥羽民衆が深くかかわっていたことも、エトロフ島への執着心を多少とも強くしていく理由になっている。そもそも東北地方に生まれ育ち、奥羽民衆の松前稼ぎから近世の蝦夷地の研究に突き進んでいったという個人的事情からすれば、エトロフ島やその他の場所に出稼ぎしていく人たちのことが他人事のようには感じられず、その人たちの内なる差別感情や横暴性といった問題も含めて、北に向かう奥羽民衆の体験史、生活史を明らかにしてみたいという衝動にかられるのである。およそこの三つのことが重なりあって、幸いにも執筆の機会を与えられて、エトロフ島の近世史を書いてみようと思い立ったしだいである。エトロフ島の歴史といえば、日本とロシアのどちらが先に千島列島や樺太を「発見」し、「統治」してきたのかという領土・国境の歴史、あるいはそれとかかわって北方探検や北方防備の歴史を示してみせる、そうした類の本をイメージされるのかもしれない。そのような見方とは程遠いエトロフ島の歴史、千島の歴史をめざしてみたつもりなのだが、なかなか容易なことではない。

歴史学というのは、とくに近世史のように現実と直接つながらなくなった時代を対象にしていると、それほど現代の問題解決にすぐに力を発揮する学問とは決して思わないけれども、長い時間的ものさしのなかでわれわれ自身を考え直してみる、そういった特性・魅力を持っている。エトロフ島の近世史を書くにあたっても、そのことは常に念頭において きた。

日本人がエトロフ島を国境として意識するようになったのは、エトロフ島に人類が住みはじめてからの有史のなかで、たかだか二五〇年程度の歴史にすぎない。それ以前はエトロフ島には国家支配も国境もなく、ほとんど日本人の視野の外にあった。道東から千島列島にかけては、ラッコ猟・ラッコ皮交易を主要な媒介とする、一体的なアイヌ民族社会が存在するばかりであった。また、その後の二五〇年といっても、樺太千島交換条約から敗戦までは全千島が日本の統治下にあり、エトロフ島は国境の島ではなかった。ふたたびエトロフ島に国境をつよく意識するようになったのは、南千島を「北方領土」と呼ぶようになった一九六〇年代からのことであろう。

日ロ間の領土問題が今後どのように外交的に進展・決着していくかにかかわらず、実態のほうが国家や国境を超えて進行していくだろう。そうしたとき、大切なのは「北方四島」という括りに特別な意味があるのではなく、カムチャツカ半島、千島列島（クリル諸島）、北海道、樺太（サハリン）、アムール川下流域とつながりあう環オホーツク海の地域世界の成り立ちを、先住民の権利や環境問題にも目を向けてきちんと展望していくことであろう。国境がなかった（もしくはあいまいであった）時代に歴史を逆戻りさせることはできないにしても、近世中後期のエトロフ島の大きな歴史的変化から学ぶべきことは少なくないように、私には思われる。

最後となったが、図版の掲載を許可してくださった各機関、およびエトロフ島の写真を提供していただいた川上淳氏に厚く御礼を申しあげたい。

一九九九年九月

菊池勇夫

著者紹介

一九五〇年、青森県に生まれる
一九八〇年、立教大学大学院文学研究科博士課程単位取得退学
現在、宮城学院女子大学教授

主要著書
幕藩体制と蝦夷地　北方史のなかの近世日本
アイヌ民族と日本人　飢饉の社会史　近世の飢饉

歴史文化ライブラリー
78

エトロフ島
つくられた国境

一九九九年一一月一日　第一刷発行

著　者　菊《きく》池《ち》勇《いさ》夫《お》

発行者　林　英男

発行所　株式会社吉川弘文館
東京都文京区本郷七丁目二番八号
郵便番号一一三―〇〇三三
電話〇三―三八一三―九一五一〈代表〉
振替口座〇〇一〇〇―五―二四四
印刷＝平文社　製本＝ナショナル製本
装幀＝山崎　登

歴史文化ライブラリー

1996.10

刊行のことば

現今の日本および国際社会は、さまざまな面で大変動の時代を迎えておりますが、近づきつつある二十一世紀は人類史の到達点として、物質的な繁栄のみならず文化や自然・社会環境を謳歌できる平和な社会でなければなりません。しかしながら高度成長・技術革新にともなう急激な変貌は「自己本位な刹那主義」の風潮を生みだし、先人が築いてきた歴史や文化に学ぶ余裕もなく、いまだ明るい人類の将来が展望できていないようにも見えます。このような状況を踏まえ、よりよい二十一世紀社会を築くために、人類誕生から現在に至る「人類の遺産・教訓」としてのあらゆる分野の歴史と文化を「歴史文化ライブラリー」として刊行することといたしました。

小社は、安政四年(一八五七)の創業以来、一貫して歴史学を中心とした専門出版社として書籍を刊行しつづけてまいりました。その経験を生かし、学問成果にもとづいた本叢書を刊行し社会的要請に応えて行きたいと考えております。

現代は、マスメディアが発達した高度情報化社会といわれますが、私どもはあくまでも活字を主体とした出版こそ、ものの本質を考える基礎と信じ、本叢書をとおして社会に訴えてまいりたいと思います。これから生まれでる一冊一冊が、それぞれの読者を知的冒険の旅へと誘い、希望に満ちた人類の未来を構築する糧となれば幸いです。

吉川弘文館

〈オンデマンド版〉
エトロフ島
つくられた国境

On Demand
歴史文化ライブラリー
78

2017年（平成29）10月1日　発行

著　者　菊《きく》池《ち》勇《いさ》夫《お》
発行者　吉川道郎
発行所　株式会社　吉川弘文館
〒113-0033　東京都文京区本郷7丁目2番8号
TEL　03-3813-9151〈代表〉
URL　http://www.yoshikawa-k.co.jp/

印刷・製本　大日本印刷株式会社
装　幀　清水良洋・宮崎萌美

菊池勇夫（1950～）

ISBN978-4-642-75478-1